CONFLITOS NO REGISTRO PÚBLICO DE TRANSEXUAIS E AS GARANTIAS DO DIREITO DE PERSONALIDADE

AGRADECIMENTOS

Primeiramente a Deus, precursor da minha vida, minha existência. A ele devo o ar que respiro, a família que tenho, os amigos que encontro durante toda a minha jornada na Terra, enfim absolutamente tudo.

À minha mãe, ANTONIA OLIVEIRA DOS ANJOS, cuja alegria, amor e carinho, estiveram ao meu lado incondicionalmente e que me fizeram crer em meu potencial e nas transformações perenes em minha vida.

Á minha avó, ERONDINA MAURA C. MOTA, pelo incentivo e confiança de sempre. E por velar meu sono e por muitas das vezes ficar acordada, entre as madrugadas para juntas lutarmos contra o cansaço eminente.

Ao meu irmão, BRUNO OLIVEIRA DOS ANJOS, pelo carinho, emoção das palavras e pela paciência desmedida. Também pelos ensinamentos históricos.

Ao meu orientador ALEXANDRE ORREDA, pela atenção desmedida, pela compreensão e por me proporcionar outras formas de enxergar a verdade, a humanidade como um todo.

Aos amigos, pelo carinho, pelas palavras de afeto e pelo amor incondicional, e que sem dúvida fazem parte de tudo que sou.

"Nunca saberás o bastante enquanto não souberes o que é o bastante."
(William Blake)

"Podemos ter chegado em diferentes navios, mas hoje estamos todos no mesmo barco." (Martin Luther King)

"A vida é mais importante do que a gente pensa; basta aceitar o impossível, dispensar o indispensável e suportar o intolerável. " (Kathleen Norris).

RESUMO

A cirurgia de adequação de sexo é de natureza terapêutica, não se constituindo em uma violência punível. O indivíduo não quer simplesmente mudar de sexo. A adequação lhe é imposta de forma irresistível; portanto, ele nada mais reclama que a colocação de sua aparência física em concordância com seu verdadeiro sexo: o sexo psicológico. O Direito, a Psicologia e a Medicina devem contribuir na diminuição do sofrimento das pessoas, reconhecendo o direito do transexual em adequar sua genitália e sua documentação.

Palavras-Chave:Transexualismo; Aspectos Jurídicos; Direito da Personalidade; Registro Público; Principio da Igualdade.

ABSTRACT

The surgery of sex adequacy is of therapeutical nature, if not constituting in a punishable violence. The individual simply does not want to move of sex. The adequacy is imposed to it of irresistible form; therefore, it nothing more complains that the rank of its physical appearance in agreement with its true sex: the psychological sex. The right, psychology and the medicine must contribute in the reduction of the suffering of the people, recognizing the right of the transsexual in adjusting its genital and its documentation.

Keys-words: Transsexual; Juridical Aspects; Right of the Personality; Register Public; Begin of the Equality.

Lulu Enterprises, Inc.
3101 Hillsborough St.
Raleigh, NC 27607
UNITED STATES

A57C

Anjos, Maraisa Oliveira dos
    Conflitos no registro público de transexuais e as garantias do direito de personalidade./ Maraisa Oliveira dos Anjos.- Salvador, 2010.

    61p.

    Monografia (Graduação em Direito) Instituto de Educação Superior UNYAHNA

1. Transexualismo 2.Aspectos jurídicos 3.Direito da personalidade 4.Registro público 5.Principio da igualdade I. ORREDA, Alexandre Bragança (orient.) II.Título

CDD: 342

Ficha catalográfica elaborada por
Patrícia Santos
CRB-1285

SUMÁRIO

INTRODUÇÃO...9

1. TRANSEXUALISMO – UMA BREVE EXPLICAÇÃO CIENTIFICA SOBRE O SER......16
   1.1 Transexualismo – Opção ou Orientação Sexual?...17
   1.2 Um pouco de Biologia – O que é um transexual? 20
   1.3 Problemas psicológicos 22
   1.4 Enunciado nº 64 (CID 10 F.64.0)..25
   1.5 O Intersexualismo..27
   1.6 A Cirurgia de Transgenitalização 28
      1.6.1 Atenção Continuada 30
      1.6.2 Auto-estima 30
      1.6.3 Auto-imagem corporal 31
      1.6.4 Elaboração de aspectos conflituosos da infância e adolescência..............31
      1.6.5 Síndrome ansiógena 31
      1.6.6 Síndrome de angústia pós-cirúrgica 31

2. O DIREITO DA PERSONALIDADE 33
   2.1 Garantias ao Direito de Personalidade..34
   2.2 Direito à Igualdade e as Garantias Fundamentais do Individuo como fator de aceitação...............37
   2.3 Conflitos no Registro Público de Transexuais...38

3. POSICIONAMENTOS JURISPRUDENCIAIS..40
   3.1 Questionamentos doutrinários...41
   3.2 Posicionamentos Favoráveis...42
   3.3 Posicionamentos Contrários em Fase Recursal..51
   3.4 Um novo olhar jusnaturalista...52
   3.5 O Conservadorismo como entrave para as transformações sociais..................53
   3.6 Habeas Data, um instrumento modificador..55

CONCLUSÃO...57

REFERÊNCIAS BIBLIOGRÁFICAS..59

INTRODUÇÃO

O presente trabalho visa compreender a polêmica, no que tange ao transexual e a retificação de seu registro civil e concomitante a mudança de sexo. O método adotado é de justamente propor os meios eficazes de aceitabilidade da condição de transexual,ou seja, demonstrar que é possível apaziguar interesses individuais em detrimento do coletivo, no cerne das relações sociais,para enaltecer o respeito às diferenças e à personalidade do ser humano transexual permitindo-lhe uma vida digna em uma aceitabilidade dentro dos padrões de igualdade material e por que não formal,mas esta um tanto desapegada de valores não mais considerados em meio à modernidade existente.Isso no leva a compreensão de que há uma necessidade primordial de revisão de conceitos ultrapassados pelas novas diretrizes do Direito Contemporâneo.

Sendo de criterioso valor os direitos da personalidade, a análise do termo transexualismo em sua acepção, e os princípios constitucionais, os modernos paradigmas sexuais, os principais casos julgados e de certo as doutrinas que perfazem as concepções idealistas em um Direito até então conservador, para posteriormente fazermos uma conclusão a respeito.

Antes de fazer quaisquer considerações acerca do direito à identidade sexual do transexual e o que vem a ser o transexualismo, cumprem analisar, os direitos da personalidade porque estes estão ligados ao íntimo do ser humano, de modo inseparável, de tal modo que a pessoa não existiria sem eles.

Uma das principais inovações da Parte Geral do Novo Código Civil é, justamente, a existência de um capítulo próprio destinado aos direitos da personalidade, porquanto por tais circunstâncias da matéria: a previsão legal dos direitos da personalidade dignifica o homem.

O homem não deve ser protegido somente em seu patrimônio, mas, principalmente, em sua essência. O direito da personalidade está ligado ao corpo vivo ou morto, sendo indisponível; podendo, porém, ocorrer à disponibilidade desse direito desde que, a par da manifestação expressa da vontade de seu titular, sejam resguardadas as limitações impostas pelas normas de ordem pública. Os direitos da personalidade são aqueles que têm por objeto os atributos físicos, psíquicos e morais da pessoa em si e em suas projeções sociais.

Muitos autores resumem os direitos da personalidade da seguinte forma:

"Os direitos subjetivos da pessoa de defender o que lhe é próprio, ou seja, a sua integridade física (vida, alimentos, próprio corpo vivo ou morto, corpo alheio vivo ou morto, partes separadas do corpo vivo ou morto); a sua integridade intelectual (liberdade de pensamento, autoria científica, artística e literária) e sua integridade moral (honra, recato, segredo pessoal, profissional e doméstico, imagem, identidade pessoal, familiar e social)."

O Transexualismo significa que há uma transposição na correlação do sexo anatômico e psicológico, ou seja, a pessoa tem a convicção de pertencer a um sexo e possuir genitais opostos ao sexo que psicologicamente se pertence. Talvez seja o transexualismo um dos temas mais polêmicos na atualidade, quando envolve a possibilidade de mudança de sexo no registro civil. Além do que o tema é encoberto pelo monstro do preconceito, sem falarmos na esfera religiosa que alguns se embasam para continuarem a excluir da sociedade pessoas que não apresentam os padrões sociais exigidos.

Outro ponto a ser discutido nesse trabalho é a possibilidade de alteração do nome, pois este deve estar em conformidade com o sexo do indivíduo.

Ao se falar em nome civil aflora características da pessoa e presume-se tratar da denominação constante no registro civil. Assim é que ao pronunciar o nome "Julia" vem a mente uma pessoa do sexo feminino. E como bem expõe Pablo Stolze Gagliano e Rodolfo Pamplona Filho, o que deve reger a disciplina legal do nome é que este é marca indelegável do indivíduo, assim como um atributo de sua personalidade.

O Código Civil no art. 16 dispõe que toda pessoa tem direito ao nome, nele compreendidos o prenome e o sobrenome. A Lei de Registros Públicos, no art. 58, em sua redação original tratava da imutabilidade do nome. A alteração do artigo flexibilizou a terminologia sem se afastar totalmente do primórdio da antiga redação. A possibilidade de alteração do nome esbarra no princípio, ainda vigente, da imutabilidade. Tal princípio sofreu mitigação como bem explica a Professora Maria Celina Bodin de Moraes:

"As regras gerais que regem o direito ao nome civil delineiam-se, como não poderia deixar de ser, à luz dos valores constitucionais, dentre os quais, o maior deles, a dignidade da pessoa humana. A mitigação da regra da imutabilidade do prenome encontra sua justificativa principal nesta dignidade. Assim é que, na prática, a jurisprudência tem garantido que o direito da personalidade a real e adequada individualização da pessoa suplante a tradicional proibição de alteração do prenome, principalmente através do alargamento da exceção da "exposição ao ridículo", podendo-se bem entender esta expressão – expor ao ridículo seu portador – em sentido ainda mais amplo, como representativa do que não é condigno à individualização da personalidade humana."

O registro de indivíduos transexuais ainda é de fato um tabu para esfera jurídica. O transexual requer mudança do prenome e também do sexo exposto em registro, justamente pela não aceitação da forma física que mantêm. Mas, existem doutrinadores, especialistas e civilistas que ao abordarem o assunto encontram um caminho para a fundamentação jurídica favorável, citando como pressuposto os chamados "artigos inteligentes da Lei de Registro Publico de Nº 6015/73, que são os seguintes:

"Art. 56. O interessado, no primeiro ano após ter atingido a maioridade civil, poderá, pessoalmente ou por procurador bastante, alterar o nome, desde que não prejudique os apelidos de família, averbando-se a alteração que será publicada pela imprensa. (Renumerado do art. 58 com nova redação pela Lei nº 6.216, de 1975)."

"Art. 58. O prenome será definitivo, admitindo-se, todavia, a sua substituição por apelidos públicos notórios. (Redação dada pela Lei nº 9.708, de 1998)
Parágrafo único. A substituição do prenome será ainda admitida em razão de fundada coação ou ameaça decorrente da colaboração com a apuração de crime, por determinação, em sentença, de juiz competente, ouvido o Ministério Público. (Redação dada pela Lei nº 9.807, de 1999). "

Outrossim, o Estado tem a obrigação de garantir o bem-estar do cidadão, de zelar por sua dignidade e pelo livre desenvolvimento de sua personalidade o que temos como princípios amparados constitucionalmente. Desses princípios fundamentais extraem-se outros, como as garantias e os direitos individuais e coletivos, arrolados no art. 5º, as garantias e direitos sociais do indivíduo, constantes do art. 6º, e o direito à saúde, física e psíquica, promovido no art. 196.

O princípio da dignidade humana é a base para sociedade desenvolvida. E como bem expõe a professora Maria Celina Bodin de Moraes, o fundamento jurídico da dignidade humana manifesta-se, em primeiro lugar, no princípio da igualdade. O princípio igualdade não sustenta o tratamento igual aos cidadãos, ao contrário, busca tratamento equilibrado mantendo o respeito aos grupos minoritários.

Esclarece Maria Celina Bondin de Moraes:

"A forma de violação por excelência do direito à igualdade, ensejadora de dano moral, traduz-se na prática de tratamento discriminatórios, isto é, em proceder a diferenciações sem fundamentação jurídica (ratio), sejam elas baseadas em sexo, raça, credo, orientação sexual, nacionalidade, classe social, idade, doença, dentre outras."

Ao explicar o princípio da igualdade Celso Ribeiro Bastos indaga o que significa igualdade e responde dizendo que se "traduz numa relação entre dois entes quando estes apresentam as mesmas características, a mesma estrutura, a mesma forma, quando, enfim, não apresentem desigualdade que se nos afigurem relevantes." A complexidade do princípio ora em estudo, fez com que a doutrina melhor explicasse denominando igualdade substancial e formal. Aquela é o tratamento igual e uniforme a todos os homens, é a busca pela paridade dos homens quanto a seus direitos e deveres. Pelo princípio da igualdade substancial todo ser humano deve ser tratado da mesma forma, a regra deve ser a mesma para todos, independente da situação concreta que encontra-se o homem.

Agora partimos para uma discussão sobre o sexo jurídico e o psicossocial que de certo modo detêm uma compreensão um tanto distorcida em meio social. Sexo é uma daquelas palavras com múltiplo sentido, há os que entendam como a parte física da relação sexual e outros definem como o status sexual, masculino ou feminino. A importância da determinação do sexo é flagrante, pois decorre de direitos e deveres para com a sociedade.

O sexo jurídico também chamado de sexo legal é definido pela simples observação externa do órgão genital do nascituro, por essa análise é feito o registro de nascimento, onde constará o sexo da pessoa (masculino ou feminino). O sexo psicossocial sofre influência pré-natal, porém é após o nascimento, durante a aprendizagem que o sexo psicossocial será mais fortemente marcado. Nessa fase as influências recebidas são responsáveis pela estruturação do comportamento da pessoa e pela sua identificação sexual, podendo o ambiente psicossocial que a criança se desenvolve se encarregar de manter diferenças entre masculino e feminino ou estimulá-las. Ana Paula Peres complementa o estudo do sexo psicossocial dizendo que o produto final do sexo psicológico será a percepção do indivíduo de si mesmo, como homem ou mulher.

O drama sofrido por pessoas que nasceram com genitália do sexo oposto ao sexo psicológico é contado em diversos livros e sites.

A Revista Época na reportagem assinada por Cristiane Segatto, intitulada Nasce uma mulher, narra entrevistas com transexuais operadas. As histórias se repetem. Desde criança repudiam os brinquedos de menino, preferem as roupas femininas. Apanham dos familiares e dos amigos na escola. Quando entram na adolescência iniciam a mudança, com a ingestão de hormônios femininos e cirurgias plásticas, como: silicone, lipoaspiração, correção do pomo-de-adão. Assim que adquirem possibilidade econômica realizam a cirurgia de mudança de sexo. Existe outro tipo de transexual, aqueles que buscam se adequar a sociedade, casam-se por diversas vezes, buscam incessantemente parceiras, pois acreditam que o problema está no outro, por fim se descobrem e se aceitam transexuais. Esta busca em se adequar a um sexo psicológico que não é o seu, se dá pela falta de coragem em enfrentar a discriminação que ao transexual é conferido.

Agora sobre a questão do transexualismo temos a apontar que não existe no Brasil uma legislação segura regularizando o problema. O Conselho Federal de Medicina tenta minimizar o problema e o projeto de Lei nº 70-B, se aprovado, será a primeira Lei brasileira a tratar do assunto. O projeto de lei nº 70, B, de autoria do Deputado Federal José Coimbra limita-se a incluir um novo parágrafo ao art. 129 do Código Penal (Decreto- Lei nº 2.848 de 07 de dezembro de 1940) e atribuir nova redação ao art. 58 da Lei nº 6.015 de 31 de dezembro de 1973 (Lei de Registros Públicos). A inclusão do parágrafo 9º ao art. 129 do Código Penal visa possibilitar a realização da cirurgia, já que hoje é ela considerada lesão corporal. O médico que venha a operar um transexual no Brasil incide no crime de lesão corporal, mesmo a Resolução n.º 1.652 de 06 de novembro de 2002 permitindo tal cirurgia, o tema é polêmico e poderia, eventualmente, ensejar uma notitia criminis e posterior processo judicial.

Com a alteração da lei penal passa a conduta do médico ser lícita e jurídica. A nova redação atribuída pelo projeto ao art. 58 da Lei de Registros Públicos traz três parágrafos: o primeiro é reprodução do primitivo parágrafo único, sem modificação de conteúdo; o segundo trata da possibilidade de alteração do prenome quando a pessoa houver se submetido à cirurgia de alteração de sexo e mediante autorização judicial; e o terceiro, trata da alteração do documento de identidade e do registro de nascimento, devendo ser averbado nestes documentos tratar-se de pessoa transexual.

A CCJR (Comissão de Constituição e Justiça e de Redação) da Câmara também apresentou uma emenda aditiva, acrescentando mais um parágrafo, com a seguinte redação "§ 4º É vedada a expedição de certidão, salvo a pedido do interessado ou mediante determinação judicial". É uma forma de proteger a intimidade do transexual. E um procedimento já adotado nos casos de adoção plena.

E por fim se utilizando o Direito Comparado temos por força do disposto no art. 17 da Lei de Introdução ao Código Civil Brasileiro, que preceitua:

"As leis, atos e sentenças de outro país, bem como quaisquer declarações de vontade, não terão eficácia no Brasil, quando ofenderem a soberania nacional, a ordem pública e os bons costumes."

A contrarium sensu, se as leis, atos, sentenças e quaisquer declarações de vontade de outros países não atentem contra a soberania nacional, a ordem pública e os bons costumes poderão ser aceitos no Brasil.

A idéia de globalização no mundo moderno não é mais uma aspiração. A tendência que se observa no mundo é a de alterar-se o registro adequando-se o sexo jurídico ao sexo aparente.

A Suécia a muito legislou sobre o tema, em 21 de abril de 1972 promulgou lei que permite a retificação do registro do transexual, desde que solteiro, com mais de dezoito anos e estéril. Na Alemanha lei promulgada em 10 de setembro de 1980, acolhendo a jurisprudência daquele país promulga lei que dispõe sobre o transexualismo de a modificação do prenome e sexo no assento de nascimento. Também na Itália, sob a influência da jurisprudência e doutrina, em 14 de abril de 1982 foi promulgada a Lei 164, permitindo a retificação do sexo e alteração do prenome no registro de nascimento dos transexuais. Na França e na Bélgica, não foi o tema normatizado. Os tribunais desses países inadmitiam mudança de sexo e prenome da pessoa, tais incidentes fizeram com que a Convenção Européia dos Direitos do Homem, julgando reclamação contra esses países, fizesse cumprir o art. 8º da Convenção Européia dos Direitos do Homem. Hoje, apesar de ainda controvertido o tema, os tribunais vêem julgando no sentido de modificação para o novo estado sexual e do prenome no registro de nascimento.

O que buscamos demonstrar nesse trabalho de curso é justamente novos conceitos do Direito contemporâneo e as transformações aplicadas ao conceito atual do ser Transexual. E de que além de uma mudança de seu sexo físico, uma aceitabilidade da Lei no que tange o registro de seu prenome.

1 TRANSEXUALISMO – UMA BREVE EXPLICAÇÃO CIENTÍFICA SOBRE O SER

O ser transexual não se aceita como é de fato,como é fisicamente,para ele se trata de um desconforto moral e psíquico,parece com uma grande prisão,um calabouço escuro e desconhecido onde apenas ele sabe o que de fato não é e não se vê como de fato o é.

É um entrave filosófico explicar a expressão complexa de um ser que para si não existe e do qual busca constantemente não lembrar e do qual também quer se livrar o quanto antes. Com esses questionamentos que faz a cada dia de sua vida,alem do preconceito que sofre,os mesmos ainda lutam por seus direitos de forma nobre. São pacientes do Estado,pois estão e são doentes.E como resultado é que num breve descontentamento com o fato de não existir para o mundo, do mesmo modo que não existem para si mesmos,é que infelizmente muitos extirpam suas vidas de forma tão violenta.E o índice de suicídios cometidos por transexuais vão alem dos prognósticos,vão alem da nossa percepção.

O transexual para muitos não passa de um homossexual enrustido, ou um bissexual indeciso, mas na verdade este confunde-se com o intersexual ou hermafrodita,pois, enquanto este ultimo transcende o sexo em sua exteriorização sendo portador dos órgãos femininos e masculinos ao mesmo tempo,o transexual também é portador,sendo que para alguns cientistas,dos dois sexos que estão nele interiorizados,para outros uma psicopatia degenerativa de auto-aceitação.Como um cárcere abominável e descontrolador que perpassa a inquietude e a razão.

De certo, temos apenas que estes seres humanos desprovidos da sua real vontade de ser o ser que nele está inserido e ainda não fora aflorado,sofrem em demasia. O que de fato ficará comprovado,com o seguinte trecho de um trabalho de pesquisa desenvolvido pelo psicólogo Robson de Jesus Barreto que descreve o trabalho desenvolvido pelos profissionais da área de psicologia da saúde do Hospital das Clinicas da Universidade Federal de Goiás que nos relata o seguinte: [1]

> Foram atendidos seis pacientes do sexo masculino, de idades diferentes com diagnóstico de transexualidade e encaminhados para avaliação de Cirurgia de Redesignação de Sexo (CRS). Em decorrência dos múltiplos problemas e/ou distúrbios que a transexualidade e a Cirurgia de Redesignação de Sexo, de alto impacto, pode induzir na vida do ser humano, os pacientes atendidos junto ao projeto foram submetidos à avaliação psicológica como condição necessária para a execução da mesma. Falando-se em CRS, em que os pacientes vivenciam uma mudança no seu esquema corporal, tal avaliação foi considerada de suma importância.Dessa forma, foram realizadas sessões – incluindo entrevistas, psicoterapia individual e psicodiagnóstico – para avaliação psicológica e pré-cirúrgica. Posteriormente, passou-se para a aplicação de instrumentos de avaliação psicológica, entre eles Matrizes Progressivas – RAVEN – e Técnica Projetiva de Desenhos – HTP. Observou-se que os pacientes atendidos apresentaram dúvidas a respeito de sua masculinidade,confusão no papel sexual,dificuldades organizacionais, sentimentos de pressões no ambiente,tendências negativistas, tendências suicidas, ansiedade generalizada, regressão entre outras alterações psicológicas devido ao conflito vivenciado pelos mesmos...

Fica evidenciado o cuidado e acompanhamento feito com relação ao transexual que busca tratamento, para realização da cirurgia de redesignação.

1.1 Transexualismo – Opção ou orientação sexual? [2]

> A realidade vivida pelos transexuais causa grande sofrimento psíquico, sendo comparada àquela vivida por um enfermo, pois os mesmos passam por mudanças físicas, comportamentais, emocionais, cognitivas e até do seu cotidiano, deixando de ser um ser produtivo que participa das demandas sociais. Essas condições vividas, agora, levam estes a estarem em contato com as conseqüências advindas do seu processo de serem de um gênero e não aceitarem tal realidade.

Para que possamos compreender de fato o que significam os termos opção ou orientação, trazemos o texto auto-explicativo da Dra. Ana Luiza Ferraz, esta que por sua vez teve como referencias para seu artigo os professores e psicólogos Fernando Luiz Cardoso e Marcio Ruiz Schiavo [3], que cita:

---

[1] BARRETO, R. J. O Papel do Psicólogo da Saúde e Hospitalar Junto à Clínica Médica do Hospital das Clínicas da Universidade Federal de Goiás. Relatório de Conclusão do I Curso de Extensão Universitária: Treinamento de Habilidades da Psicologia da Saúde no Contexto Hospitalar. UFG: Goiânia, 2006.

[2] ANGERAMI-CAMON, V.A. E a Psicologia Entrou no Hospital. São Paulo: Pioneira, 1996.

> Quando uma criança nasce, sua identidade sexual será reconhecida pelos caracteres sexuais primários. Se essa criança irá confirmar ou não sua identidade sexual, dependerá da complementação de caracteres secundários que são os testículos nos meninos e ovário nas meninas e também de um processo mais complexo – o sexo psicológico – que se desenvolverá com o passar dos anos. Se no sentido fisiológico, as pessoas podem ter sua identidade sexual definida a partir da presença de órgãos sexuais característicos de cada gênero, o mesmo não ocorre com o sexo psicológico. Pensando nisso, a sexualidade se apresenta numa escala variante que vai desde um comportamento extremamente feminino numa mulher, passando por mulheres pouco femininas, mulheres masculinizadas até homossexuais femininas; da mesma forma podemos encontrar homens pouco masculinos, homens feminilizados e homossexuais masculinos.

O termo orientação sexual é considerado mais apropriado do que opção sexual ou preferência sexual. Mas por quê? Estudos recentes realizados dentro da sexualidade mostram que ainda na infância, a tendência sexual começa a se desenhar – motivo este o termo opção sexual é inadequado, uma vez que a tendência sexual começa a se manifestar mais ou menos aos sete anos de idade. Neste período a criança ainda não possui uma capacidade avaliativa e que possamos chamar de "escolha". O que geralmente ocorre é que a criança nesta idade tenta reunir-se às crianças do sexo que irão se identificar psicologicamente e se este não estiver de acordo com a fisiologia, ela tende a ser discriminada pelas outras crianças.

Existem três termos: travesti, transexual e transgênero que as pesquisas e estudos realizados dentro da sexualidade ainda não têm uma classificação definitiva. Segue então a explicação de cada um desses gêneros sexuais:

Travesti era originalmente alguém que se vestia com roupas do sexo oposto para se apresentarem em eventos de fundo artísticos. Mas, essa prática passou a designar o comportamento das dragqueens e transformistas. Esse termo atualmente se refere às pessoas que apresentam sua identidade de gênero oposta ao sexo designado no nascimento, mas que não almeja se submeter à cirurgia de resignação sexual que nada mais é do que a mudança

---

[3] CARDOSO, Fernando Luiz, "O que é orientação sexual", Editora Brasiliense, São Paulo. e SCHIAVO, Marcio Ruiz, "Manual de Orientação Sexual", Editora O Nome da Rosa, São Paulo

de sexo. As pessoas que se definem travestis podem se identificar como homossexuais, heterossexuais, bissexuais ou assexuais.

Transexual é uma pessoa que possui uma identidade de gênero oposta ao sexo designado, mas o que difere do travesti é que o transexual tanto homem quanto mulher, fazem ou pretendem fazer uma transição do seu sexo designado no nascimento com o sexo oposto.

A explicação estereotipada é de uma mulher presa em um corpo masculino ou vice versa. Transexualidade é um termo entre os comportamentos ou estados que abrigam o termo transgênero. Entretanto muitas pessoas da comunidade transexual não se identificam como transgênero que se refere a pessoas cuja expressão de gênero não corresponde ao papel social atribuído ao gênero designado para elas no nascimento. Mais recentemente o termo tem sido utilizado para definir pessoas que estão constantemente em trânsito entre um gênero e outro.

O prefixo trans significa "além de", "através de". Não existe cientificamente nada que prove quais são as causas da transexualidade. Todavia, muitas teorias sugerem que as causas têm suas raízes na biologia e outros acreditam que as origens são predominantemente psicológicas.

Dentre as causas psicológicas temos mães super-protetoras e pais ausentes, pais que almejavam uma criança do sexo oposto e homossexualidade reprimida. Em termos de individualidade ou essência, qualquer ser humano possui o gênero masculino e o gênero feminino dentro de si.

No campo da sexualidade, temos muito ainda que pesquisar e estudar e definir realmente o que está por trás desses desejos sexuais e principalmente da "variedade" de orientações sexuais. Mas até lá o importante é que, qualquer que seja a orientação sexual dessas pessoas, como qualquer outro ser humano, elas merecem compreensão e são muito mais que um rótulo e que podem e devem ter uma vida comum como todos nós.

1.2 Um pouco de Biologia – o que é um transexual?

Para compreendermos o que é um transexual, temos que primeiramente verificar alguns pontos importantes dentro do campo da Biologia, mas precisamente em relação à Genética. Onde abordaremos pontos atinentes a determinação do sexo e também sobre a herança ligada ao sexo.

A determinação genética do sexo na maioria dos animais processa-se do seguinte modo: Nas células somáticas há cromossomos autossomos e alossomos em numero duplo em relação ao encontrado nos gametas. Os alossomos são diferentes no macho e na fêmea. Na fêmea, os dois alossomos tem a forma de bastão(X), enquanto que no macho um deles tem a forma de bengala (Y), e outro, igual ao das fêmeas, tem a forma de bastão (X) representando-se os autossomos por A temos:

$$\text{MACHO (2A + XY)} \quad \text{FÊMEA (2A + XX)}$$

Na espécie humana 2A é igual a 44. No processo de gametogênese, vimos que o numero de cromossomos reduz-se à metade. Dessa forma, todos os óvulos serão iguais, pois transportará cada um deles um cromossomo X. Entretanto, os espermatozóides serão diferentes, pois um transportará o cromossomo X e outro o cromossomo Y. Ou seja, acabamos de verificar um fator normal dentro da Biologia, a formação fenotípica do sexo como o conhecemos, isso obviamente dentro dos padrões normais de aceitabilidade. Mas, temos a questão da herança, isto é, não apenas a determinação do sexo é importante as heranças a ele ligadas e que perfazem as anomalias físicas e muitas de origem psíquica, esta ultima que atinge diretamente o ser humano que é acometido de tal distúrbio, e rotulado pela ciência como transexual.

Uma das heranças ligadas ao sexo para determinar a conjugação Fenótipo = Genótipo + Meio é o Ginandromorfismo. Este na verdade é um fenômeno, pelo qual um mesmo individuo possui parte de seu corpo com células geneticamente masculinas e parte com células geneticamente femininas. Um ginandromorfo se diferencia de um intersexo quanto à origem e à constituição cromossômica.

O ginandromorfo tem origem numa irregularidade mitótica, enquanto que o intersexo é formado por uma combinação gamética que resulta num índice sexual entre 0,5 e 1,0. O ginandromorfo apresenta em um mesmo indivíduo, células com diferentes números de cromossomos. No intersexo o número de cromossomos é constante para todas as células do indivíduo.

Já citando outra herança a Intersexualidade ou Hermafroditismo como é mais comumente conhecido, é de suma importância distinguir essas duas heranças, pois para alguns cientistas muito além do fato psíquico, como doença progressiva e em muitos casos agressiva no tocante à aceitação, o transexualismo pode ser a concepção de um ser intersexual não percebido [4], ou seja, no hermafrodita percebemos seus órgãos genitais na parte externa e para alguns estudiosos o transexual é intersexual em seu interior, funcionando como um resultado biológico anômalo que se percebe nos casos das trissomias ligadas ao cromossomo sexual. Como podemos observar nos casos especificados a seguir:

- **Homens poli Y**

- **Homens XYY:** Nesta anomalia como diz o próprio nome, os portadores possuem um ou mais cromossomos Y.E tem como características - Altura media de 1,80m, QI de 80-118, Grave acne facial durante a adolescência, Anomalias nas genitálias com ocorrência de 0,69: 1000.

- **Homens XYYYY:** Nesta fase da anomalia, os indivíduos apresentam QI de 50, distúrbios motores e distúrbios na fala.

---

[4] Em outros indivíduos XY anômalos as variações podem não ocorrer até a puberdade, sugerindo que as gônadas indiferenciadas deixam de captar o hormônio masculino, durante o desenvolvimento embrionário. São casos de feminização testicular (testículos presentes, porém localizados dentro do corpo." - Burns, George, W & Bottino, Paul, J: GENÉTICA, 6ª edição, Guanabara - Koogan, Rio de janeiro, 1989. (páginas 235-242 & 243-251).

- **Antígeno H-Y:** Ocorre em todos os tecidos masculinos. Os indivíduos XYY e XXYY produzem o dobro deste antígeno que as pessoas normais. Não se sabe se o antígeno seja o determinante direto do desenvolvimento dos testículos (é possível que regule células receptoras de H-Y). Se estas forem defeituosas, as células gônadais deixam de responder ao antígeno H-Y não formando testículos deixando o indivíduo maturar como fêmea.

Compreendidos tais fatores genéticos de determinação do sexo e a herança proveniente dessa, resumidamente temos que transexual é o indivíduo que possui a convicção inalterável de pertencer ao sexo oposto ao constante em seu Registro de Nascimento, reprovando veementemente seus órgãos sexuais externos, dos quais deseja se livrar por meio de cirurgia. Segundo uma concepção moderna, o transexual masculino é uma mulher com corpo de homem. Um transexual feminino é, evidentemente, o contrário. São, portanto, portadores de Neurodiscordância[5] de gênero. Suas reações são, em geral, aquelas próprias do sexo com o qual se identifica psíquica e socialmente.

1.3 Problemas Psicológicos

> A Transexualidade sempre se apresentou como uma área nebulosa, quase nada explorada da sexualidade humana. Transexualismo pode parecer à primeira vista semelhante ao homossexualismo e/ou travestismo, mas analisando mais profundamente podemos perceber grandes diferenças. Homens homossexuais e mulheres lésbicas não têm dúvidas ou desconforto quanto ao seu gênero ou sexo, apenas tem orientação sexual (preferência) por pessoas do mesmo sexo. Travestis são homens que se vestem de mulher, podem modificar seu corpo com silicone, mas não sentem desconforto com seu sexo anatômico. Também existem mulheres que gostam de vestir-se com roupas masculinas, parecerem homens, ou mesmo passam por homens socialmente, por diversos motivos, sem que necessariamente sejam transexuais. Também não é transexual um homem efeminado que ainda assim sente-se homem, ou uma mulher masculina que mesmo assim não tem dúvida de que é mulher, mesmo que diferente da norma. Mas, claramente transexuais são pessoas que sentem intimamente que pertencem ao sexo oposto ao seu sexo anatômico. Um transexual masculino é anatomicamente um homem, mas sente-se como uma mulher desde a infância. Esse sentimento é muitas vezes mantido em segredo por muito tempo, e causa um profundo desconforto psíquico. Um transexual feminino é

---

[5] VIEIRA, Tereza Rodrigues, *Aspectos psicológicos, médicos e jurídicos do Transexualismo-Artigo* Psicólogo informação, ano 4, nº 4, Jan/Dez.2000 – Instituto Metodista de Ensino Superior.

> uma mulher que se sente intimamente como um homem, também desde a infância. Sua imagem interna de si mesmo não coincide com a sua aparência física, seu sexo anatômico. Em ambos os casos, é como se a pessoa fosse de um sexo psicologicamente, com a equivalente imagem ou esquema corporal, e de outro sexo anatomicamente. Transexualismo sempre envolve um transtorno na identidade de gênero. Não basta que a pessoa queira pertencer ao outro sexo para usufruir de vantagens culturais ou que goste de atividades típicas do outro sexo. Um transexual masculino ou feminino tem uma crença profunda e global de que sua identidade de gênero não é a mesma do sexo atribuído em seu registro de nascimento. Por isso, Transexuais "podem ser como qualquer pessoa: equilibrados emocionalmente, ou neuróticos.[6]

Estes conflitos são resultado de uma desconformidade psíquica de aceitação do ser e para alguns estudiosos, a psique é um ponto fundamental de estudo do comportamento do transexual, hoje com catalogação no CID sob o código 10 F.64.0, isto é, transexualismo é uma doença, não como muitos pensam ser, preferência/orientação sexual. Existem relatos de que muitos indivíduos que portam tal distúrbio chegam até mesmo a cometerem suicídio quando sofrem retaliações agressivas por membros da sociedade, e principalmente pelo fato de não se aceitarem como são.

O componente psicológico do transexual caracterizado pela convicção íntima do indivíduo de pertencer a um determinado sexo se encontra em completa discordância com os demais componentes, de ordem física, que designaram seu sexo no momento do nascimento. Sua convicção de pertencer ao sexo oposto àquele que lhe fora oficialmente dado é inabalável e se caracteriza pelas primeiras manifestações da perseverança desta convicção, segundo uma progressão constante e irreversível, escapando a seu livre arbítrio.

Existe muita controvérsia acerca da etiologia do transexualismo. Entendemos que a transexual idade pode ser determinada por uma alteração genética no componente cerebral, combinando com alteração hormonal e o fator social. Atualmente, o transexualismo vem sendo enquadrado no âmbito das intersexualidades [7], visto que o hipotálamo do transexual o leva a se comportar contrariamente ao sexo correspondente à sua genitália de nascença.

---

[6] Disponível em http://www.transexual.com.br em matéria publicada em 26 de Setembro de 2006. Acesso em 03 dez 2009

Embora reconheçamos o elevado propósito da psicanálise na anulação dos distúrbios psíquicos originados no inconsciente dos seres humanos, facilitando, assim, a estabilidade emocional do indivíduo, não percebemos efeitos satisfatórios no sentido da reversibilidade do transexualismo em indivíduos adolescentes ou adultos. Destarte, melhor solução não se apresenta atualmente que a cirurgia. Uma triagem rigorosa em transexuais primários, maiores e capazes, deve ser observada visando assegurar as chances de sucesso na fase pós-operatória. Inclinamo-nos pela submissão do transexual a uma equipe multidisciplinar de profissionais especializados no assunto. Tal quadro deve ser composto por, pelo menos, um endocrinologista, um psiquiatra, um psicólogo e um cirurgião plástico, os quais analisarão o grau de feminilidade ou masculinidade do paciente. Assim, o papel do psicólogo é importantíssimo na indicação ou não para a cirurgia, bem como no pós-operatório.

Para o Dr. H. Benjamin que em 1953 publicou a obra "Sexo nunca é 100% masculino ou feminino" colocava sempre em seus trabalhos científicos a idéia de que na verdade havia uma influencia psicológica nas causas orgânicas dos indivíduos transexuais. Para tanto, outros psicanalistas, dentre os quais se encontrava o consagrado Sigmund Freud, citavam que não havia uma ambigüidade psicológica e que isso não afetava de fato a postura de entendimento do ser transexual, ou seja, os psiquiatras e psicanalistas da época se posicionavam que as identidades cruzadas de gêneros se deviam a distúrbios psicológicos resultantes da experiência da infância, o próprio Freud resistia parcialmente à teoria da bissexualidade, que também foi seguido por outros psicanalistas como Dr. Sandor Rado.

Como conseqüência de boa parte dos estudos desenvolvidos por alguns dos cientistas citados é que enfim, surgiram paradigmas, alguns controversos e outros bastante favoráveis a concepção de que o ser transexual é muito mais do que uma determinação genética ou até mesmo uma opção sexual enrustida,

---

[7] QUAGLIA, D. *O paciente e a Intersexualidade*. São Paulo: Sarvier, 1980.

e que boa parte das ferramentas de que o Estado se utiliza, devem ser revistas em conformidade aos critérios psicológicos, psicossocial e principalmente psicossexual. Ficando assim explicado de que o transexualismo é um distúrbio de identidade de gênero característico. Os indivíduos com esse distúrbio acreditam serem vítimas de um acidente biológico (ocorrido antes do nascimento) e que estão cruelmente aprisionados em um corpo incompatível com sua verdadeira identidade de gênero.

A maioria dos transexuais são biologicamente do sexo masculino que identificam a si mesmos como do sexo feminino no início da infância e têm repugnância pelos seus órgãos genitais e suas características masculinas. O transexualismo parece ser menos comum nas mulheres biológicas. A confirmação da identidade de gênero é o motivador em geral [8].

1.4 Enunciado Nº 64 (CID 10 F. 64.0)

O transexualismo caracteriza-se pelo desejo de viver e de ser aceito como um membro do sexo oposto. Geralmente esse transtorno vem acompanhado por uma sensação de desconforto e até de impropriedade com o sexo anatômico. O que geralmente leva o transexual a buscar tratamentos hormonais e até mesmo cirurgias transformadoras para dessa forma obter um maior conforto e congruência com o sexo preferido, E Segundo o CID-10, para que o diagnóstico seja feito, a identidade transexual deve estar presente pelo menos dois anos e não deve estar associado a outros transtornos mentais, tais como esquizofrenia e nem estar associado à anormalidade intersexual, genético e cromossomo sexual. O transexualismo segundo a CID-10 caracteriza um transtorno de identidade sexual estando codificado como F64.[9]

A transexualidade é caracterizada como uma desordem em que a pessoa anatomicamente normal traz consigo um sentimento de possuir o órgão genital

---

[8] Disponível na internet em: http://www.msd-brazil.com/msdbrazil/patients/manual_Merck/mm_sec7_87.html. Acesso em 03 dez 2009.

[9] Disponível na internet em http://www.psicnet.psc.br/v2/site/dicionario/registro_default.asp?ID=13. Acesso em 03 dez 2009.

do sexo oposto, gerando em si o desejo de trocar de sexo, mesmo tendo consciência do seu verdadeiro sexo biológico. Um transexual masculino ou feminino tem uma crença profunda e global de que sua Identidade de Gênero não é a mesma do sexo atribuído em seu registro de nascimento.[10]

Até pouco tempo transexualismo ocupava no CID (Código Internacional de Doenças) o número 302.5/2 que citava os "Desvios e transtornos sexuais", mas atualmente, ocupa o número CID-10 - F.64.0, que cita o "Distúrbio de Identidade de Gênero, ou para alguns cientistas, os Transtornos da Identidade Sexual". Pelas classificações internacionais, temos também o DSM. IV (Diagnóstico e estatística da Associação Norte-Americana de Psiquiatria), que ocupa o número F.64. X "Transtorno da Identidade de Gênero", daí o fato de preferir transexualidade, pois a insistência de uma pessoa com Transtorno da Identidade de Gênero quanto a ser do sexo oposto não é considerada um delírio, porque significa, invariavelmente, que a pessoa se sente como um membro do outro sexo.

Existem outras classificações quanto à transexualidade; e como exemplo temos a Disforia de gênero; outro tipo é a Disforia generiforme; outro é o Hermafroditismo psíquico ou uma Neurodiscordância de gênero (Síndrome de Money) sendo este, atualmente considerado o mais adequado, após pesquisas feitas com os cérebros de transexuais masculinos não demonstráveis, em necropsias. Ressalta-se o encontro de fatores anatômicos neurais, principalmente no núcleo de células do hipotálamo. Isto é, entre outras coisas, resumidamente constatou-se a semelhança do cérebro de um transexual masculino, com o cérebro de uma mulher.

---

[10] Disponível na internet em http://www.fervo.com.br/trans/transexuais.html
Cf. Disponível na internet em http://www.midiaindependente.org/pt/blue/2003/08/ 261485. html. Acesso em 03 dez 2009

1.5 O Intersexualismo

O intersexualismo ou hermafroditismo[11] como também é largamente conhecido em escalas respeitadas do entendimento, são seres que possuem, ao mesmo tempo, tecidos ovarianos e testiculares. O termo pode sugerir que um hermafrodita pode se reproduzir tanto como pai quanto como mãe, mas isso nunca aconteceu até então. O que se verificou em biopsias foi à presença de tecido gônadal masculino e feminino num mesmo paciente. Mas, as gônadas não são necessariamente funcionais. Sendo então considerados pela ciência como casos raros.

O intersexual possui a genitália externa ambígua (masculinizada ou feminizada) com características secundárias variando vez para o feminino ora para o masculino e podem apresentar-se com os seguintes genótipos: 46XX; 46XY; 47XXY. Ainda devemos citar outra herança aproximada do intersexualismo que é o pseudo-hermafroditismo, estes que possuem tecido ovariano ou testicular e não ambos (possui um dos tecidos em estruturas rudimentares). São divididos didaticamente em pseudo-hermafroditismo masculino e feminino.

Sendo que os indivíduos que apresentam os caracteres masculinos feminilizantes são estéreis, são femininos podendo levar vida sexual normal, alguns apresentam problemas nas características sexuais secundárias, e possuem o genótipo 46XY ou 46XYY ou 45X. E os que apresentam os femininos são acometidos de fenótipo masculino, genitália externa ambígua, ovários rudimentares e possuem o genótipo 46XX.

O que ocorre com mais freqüência, mesmo em meio à raridade não é o intersexualismo, isto é o pseudo-hermafroditismo marca presença quando

---
[11] HERKOWITZ, Irwin H., **Princípios Básicos de Genética Molecular**, São Paulo, Cia.Ed. Nacional, 1972

sendo de variedade masculina, a cromatina é negativa, apresentando tecido testicular em suas gônadas, mas podendo apresentar uma abertura na porção lateral do pênis, simulando uma abertura vaginal (feminilização testicular). O pseudo-hermafrodita da variedade feminina é de cromatina positiva e tem apenas tecido ovariano em suas gônadas, podendo apresentar um clitóris aumentado, simulando um pênis (síndrome androgenital). E podem ainda ocorrer variações tais que se torna virtualmente impossível precisar o sexo do individuo.[12]

1.6 A Cirurgia de Transgenitalização

Os transexuais podem buscar por suporte psicológico, seja para auxiliá-los a enfrentar as dificuldades de viver em um corpo no qual eles não se sentem confortáveis ou para ajudá-los a realizar uma mudança de gênero. Outros podem buscar uma mudança de aparência com a ajuda de médicos especializados em troca de sexo e em cirurgia plástica.

Alguns transexuais podem ficar satisfeitos com a mudança do papel de gênero sem submeter-se a uma cirurgia, trabalhando, vivendo e vestindo-se como membros do sexo oposto. Eles mudam a aparência externa, podem submeter-se a tratamentos hormonais e obtêm uma documentação que certifica a mudança, mas, geralmente, não vêem a necessidade de submeter-se a cirurgias arriscadas e caras.

No entanto, muitos transexuais parecem beneficiar-se mais com uma combinação de aconselhamento, terapia hormonal e cirurgia de mudança de sexo. Nos homens biológicos, a mudança de sexo é realizada através do uso de hormônios femininos (os quais causam crescimento das mamas e outras alterações do corpo) e da cirurgia de remoção do pênis e dos testículos e criação de uma vagina artificial.

Nas mulheres biológicas, a mudança de sexo é realizada através de uma cirurgia de remoção das mamas e dos órgãos reprodutivos internos (útero e

---

[12] FONSECA, Albino, *Biologia, São Paulo,* Ed. Ática, São Paulo, 1973, p.334-340

ovários), fechamento da vagina e criação de um pênis artificial. O uso de hormônios masculinos (testosterona) é importante na transformação da mulher em homem e deve anteceder a cirurgia.

Com o tratamento com testosterona, ocorre crescimento da pilificação facial e engrossamento permanente da voz. Embora os transexuais que se submetem a uma cirurgia de mudança de sexo sejam incapazes de conceber filhos, eles freqüentemente são capazes de manter relações sexuais satisfatórias.

A capacidade de atingir o orgasmo é freqüentemente preservada após a cirurgia e, após a cirurgia, alguns referem sentirem-se sexualmente confortáveis pela primeira vez na vida. Entretanto, são poucos os transexuais que se submetem a mudança de sexo cirúrgica com o objetivo único de ser capaz de funcionar sexualmente como o sexo oposto. [13]

A cirurgia de trangenitalização dentro do processo transexualizador, demonstra alguns pontos importantes, conforme PORTARIA Nº 457, de 19 de Agosto de 2008, que reza o seguinte:

1.6.1 Atenção Continuada

O Processo Transexualizador no SUS apresenta situações que exigem a atenção continuada do usuário da saúde.

A hormonioterapia requer o uso contínuo de hormônios, por longos períodos de tempo, havendo a necessidade da assistência endocrinológica continuada. Os exames devem ser realizados com intervalo máximo de um ano, a fim de reduzir danos por efeitos colaterais do uso da medicação, e para viabilizar diagnósticos precoces em relação a câncer e baixa densiometria óssea.

A transgenitalização implica na atenção pós-cirúrgica, que não restringe seu sentido à recuperação física do corpo cirurgiado, mas também à própria

---

[13] Disponível na internet em http://www.msd-brazil.com/msdbrazil/patients/manual _Merck/mm_sec7_87. html. Acesso em 03 Dez 2009

pesquisa dos efeitos da medida cirúrgica na qualidade de vida do (a) transexual operado (a).

O acompanhamento pós-cirúrgico deve se estender por pelo menos 02 (dois) anos após a ocorrência do procedimento, podendo se manter por tempo indeterminado caso o usuário do SUS optar pelo acompanhamento psicológico e social, além do endocrinológico.

O tratamento psicológico e social se mantém como possibilidade a todo usuário que retorne ao SUS com demanda de psicoterapia ou de assistência social, mesmo havendo o mesmo se desvinculado dos programas de atenção por tempo indeterminado.

O formulário para acompanhamento terapêutico de transexuais (no ANEXO I-B, contem a identificação do paciente e os aspectos emocionais a serem acompanhados, de acordo com os seguintes:

1.6.2 Auto-estima: se a pessoa transexual vem evoluindo, no processo de acompanhamento psicoterapêutico, no sentido de se aceitar como transexual (com vistas à possibilidade da cirurgia de transgenitalização) trazendo, nos momentos de encontro psicoterapêutico, os medos, angústias, dificuldades e ganhos com o processo Transexualizador.

1.6.3 Auto-imagem corporal: se a pessoa transexual vem se auto-satisfazendo com as mudanças corporais decorrentes do tratamento hormonal ao qual deverá estar sendo submetida. O tratamento hormonal traz alterações psicológicas e de humor que precisam ser acompanhadas pelo profissional da psicologia e de endocrinologia, no sentido de adaptação ao novo funcionamento estrutural/psicológico que dele decorre, como por exemplo, aumento das mamas e engrossamento da voz dentre outras.

1.6.4 Elaboração de aspectos conflituosos da infância e adolescência: se a pessoa transexual vem, gradualmente, identificando e se libertando dos aspectos que geraram conflito em sua infância e adolescência, com vistas a se libertar das repressões que sofreu no passado, pois são aspectos que interferem, significativamente, no bom andamento do processo Transexualizador.

1.6.5 Síndrome ansiógena: se a pessoa transexual vem, progressivamente, se libertando da complexidade ansiógena que a acomete, quando em contato com a possibilidade da cirurgia de transgenitalização (que, usualmente, sente como sua "salvação"), se libertando do excesso de ansiedade que gera um sentimento de urgência da cirurgia, e a coloca numa posição exigente e onipotente. O controle da ansiedade é de fundamental importância para o sucesso da cirurgia em transexuais.

1.6.5 Síndrome de angústia pós-cirúrgica: acompanhamento de como a pessoa transexual lida com as mudanças corporais após a cirurgia de transgenitalização e todos os aspectos decorrentes da mudança corporal. O fato de ter feito a cirurgia ou as cirurgias, não necessariamente significa que a pessoa transexual se libertou totalmente de algumas inseguranças e angústias que ainda a mantém no passado. Isso se dá em decorrência da ilusão muito comum nas pessoas transexuais de que a cirurgia seria a "solução" de todos os seus problemas. Com a constatação de que isso não ocorre se faz necessária a intervenção da psicologia no sentido de integrar novos aspectos psicológicos pós-cirúrgicos fundamentais para o bem-estar da pessoa.

Também são analisados os aspectos psicossociais a serem acompanhados, que são:[14]

Inserção no mercado de trabalho: acompanhamento de como o usuário transexual se organiza profissionalmente, atentando aos agravos decorrentes dos processos discriminatórios a que estão sujeitos, inclusive no ambiente de trabalho, tendo em vista a promoção da autonomia e do direito ao trabalho como fundamentais ao bem-estar da pessoa.

---

[14] Disponível na internet http://bvsms.saude.gov.br/bvs/saudelegis/sas/2008/prt0457_19__2008. html . Acesso em 03 Dez 2009

Vivência social da feminilidade ou masculinidade: acompanhamento dos aspectos conflituosos sociais e psicológicos que decorrem da vivência do papel feminino ou masculino da pessoa transexual nos diversos grupos sociais dos quais ela faz parte.

Mudanças físicas, sociais e psicológicas após a cirurgia: acompanhamento dos aspectos de aceitação de um novo corpo, como lidar com ele, uma vez que a pessoa transexual não foi criada, desde a infância, para viver com o corpo de seu sexo oposto. Se faz necessário também, o acompanhamento do processo jurídico da mudança de nome de registro e de como a pessoa tem lidado com isso. Além disso, acompanhamento psicológico das relações afetivas sexuais que a pessoa vem desenvolvendo após a cirurgia, fator este, de bastante importância para a pessoa no pós-cirúrgico.

Vivência familiar: se a família da pessoa transexual vem elaborando o luto da perda do filho ou filha do sexo biológico de nascimento e aceitando progressivamente a possibilidade de ter uma nova filha ou filho, após o processo Transexualizador e a intervenção cirúrgica.
A aceitação e a presença da família são fundamentais no bom andamento do processo Transexualizador, uma vez que significa a recuperação da matriz psicológica do (a) paciente transexual.Ainda,considerar a existência ou desejo de constituição de núcleo familiar no qual o usuário transexual seja genitor.

Observação: No encaminhamento e execução dos aspectos citados se faz necessário o acompanhamento conjunto com os diversos profissionais da equipe multiprofissional como o assistente social, o médico endocrinologista, o médico cirurgião, o psicólogo e, se possível, o fonoaudiólogo. A verdadeira ajuda à pessoa transexual se dá com a integração dessas diversas áreas de atendimento.

2 DIREITO DA PERSONALIDADE

Os Direitos da Personalidade surgiram com a reforma do Código Civil Brasileiro, ocorrida no ano 2002 e estão fixadas em seu Capítulo II contendo ali

21 artigos de extrema importância e valoração tanto para a pessoa física quanto para a jurídica.

Os direitos da personalidade são normalmente definidos como o direito irrenunciável e intransmissível do qual todo individuo tem de controlar o uso de seu corpo, nome, imagem, aparência ou qualquer outro aspecto constitutivo de sua identidade, ou demais aspectos. Logo, os direitos da personalidade estão vinculados de forma indissociável ao Principio da Dignidade da Pessoa Humana, à qualidade necessária para o desenvolvimento das potencialidades físicas, psíquicas e morais de todo ser humano.

Os direitos da personalidade pressupõem segundo Charles Taylor [15], três condições essenciais, que são a autonomia da vontade, a alteridade e a dignidade. Destes os quais cita singelas definições que se seguem:

> A autonomia da vontade, que se configura no respeito à autonomia moral de que deve gozar toda pessoa humana;
>
> A alteridade que representa, o reconhecimento do ser humano como entidade única e diferenciada de seus pares, que só ganha forma com a existência do outro; e
>
> A dignidade, que é uma qualidade derivada, isto é, pode existir somente se o ser humano for autônomo em suas vontades e se lhe for reconhecida alteridade perante a comunidade em que vive.

Essas três condições tomam forma no direito positivo, pois exigem o respeito à incolumidade física (corpo físico), psíquica (mente e consciência), ao nome,à imagem,à honra,á privacidade,entre outros.

2.1 Garantias ao Direito de Personalidade

O direito à imagem é um dos direitos da personalidade dos quais todos os seres humanos gozam, facultando-lhes o controle do uso de sua imagem, seja a representação fiel de seus aspectos físicos (fotografia, retratos pintados,

---

[15] TAYLOR, Charles - *Sources of the Self: the making of the modern identity*. Cambridge: Harvard University Press, 1989

gravuras etc.), como o usufruto da representação de sua aparência individual e distinguível, concreta ou abstrata.[16]

E o professor Walter Moraes[17] cita:

> Toda expressão formal e sensível da personalidade de um homem é imagem para o Direito. A idéia de imagem não se restringe, portanto, à representação do aspecto visual da pessoa pela arte da pintura, da escultura, do desenho, da fotografia, da figuração caricata ou decorativa, da reprodução em manequins e máscaras. Compreende, além, a imagem sonora da fonografia e da radiodifusão, e os gestos, expressões dinâmicas da personalidade.

O art. 13 do novo Código veda a disposição de parte do corpo, a não ser em casos de exigência médica e desde que tal disposição não traga inutilidade do órgão ou contrarie os bons costumes. Esse artigo enquadra-se perfeitamente nos casos envolvendo o transexualismo.[18]

Um outro fator a ser discutido dentro da seara dos Direitos da Personalidade é a questão do nome Civil, que no artigo 16 do Código Civil Brasileiro[19] explicita claramente:

"Toda pessoa tem direito ao nome, nele compreendidos o prenome e o sobrenome."

Como salientado, o prenome ou nome individual é o primeiro elemento que compõe o nome civil, sendo sempre antecedente ao apelido de família ou patronímico; é a designação de identificação do indivíduo, diretamente ligado à personalidade, vai além de sua função essencial de individualização da pessoa, denotando uma extensão da dignidade, pois, relaciona-se com todas as projeções da pessoa na sociedade, conferindo-lhe direitos que refletem a

---

[16] CARMO, Suzana J. de Oliveira, *Nome civil: um direito fundamental*, inDireitonet. Disponível em: http://www.direitonet.com.br/artigos/exibir/2232/Nome-civil-um-direito-fundamental. Acesso 07 Dez 2009

[17] MORAIS, Walter - *Direito à própria imagem*. São Paulo: Revista dos Tribunais, ano 61, n. 443, setembro de 1972, p. 64)

[18] TARTUCE, Flávio. Os direitos da personalidade no novo Código Civil. Jus Navigandi, Teresina, ano 10, n. 878, 28 nov. 2005. Disponível em: <http://jus2.uol.com.br/doutrina/texto.asp?id=7590>. Acesso em: 08 dez. 2009.

[19] Diversos Autores – Mercado Editorial (Projeto e Realização), Editora Escala São Paulo, atualizado em 2008, p.26-27.

defesa de sua integridade, seja ela de âmbito físico, intelectual, ou moral.

O estudo do nome se confunde com o estudo aprofundado da própria sociedade humana[20], pois, com ela, o instituto do nome civil tem ligação estreita. É impossível conceber qualquer grupamento humano, conseqüentemente social, sem que seus componentes se individuem através de sons, sons representativos de sua forma física, e que signifiquem sua particularidade ante o grupo do qual emana.

Razão pela qual, podemos afirmar que, não há na sociedade ninguém que participe, ou, que diante dela se apresente, sem, contudo, ser indicado por um nome, que é a designação sonora da pessoa física. Também sabemos que a sonoridade das letras e sílabas que compõem o nome, ou seja, os fonemas podem ser transcritos, deste modo, o nome é representado também pelos símbolos escritos, desde os tempos pretéritos. Ou seja, todo indivíduo tem um nome civil que é pronunciável e também pode ser escrito, o que resumidamente sugere que, todo ser é representado por uma palavra, escrita ou falada, que significa sua personificação perante a sociedade.

Com efeito, o nome civil é um símbolo personalíssimo que reveste e caracteriza seu titular, é também o elo unifica ou a amálgama em que se funde: o físico (estrutura corpórea) e o caráter (dimensão psíquica), sendo que, o caráter aqui mencionado, deve ser entendido como um conjunto de valores éticos, religiosos, intelectuais e morais, e, que compõem a estrutura do indivíduo, regendo a sua forma de agir, de pensar, de se comportar diante dos fatos e circunstâncias cotidianas da sociedade da qual participa.

Como já dito anteriormente, por razões naturais ou, essencialmente, sociais, porque este é o modo pelo qual o homem desenvolve sua personalidade, paralelamente, sua cultura e emoção. E, em função deste conviver, a que a

---

[20] PIOVESAN, Flavia e SOUZA, Douglas Martins (Coordenadores) **Ordem Jurídica e Igualdade Étnico - Racial Instituto Pro Bono**, PUC-SP, Secretaria Especial de Políticas de Promoção da Igualdade Racial. Ed. Lumen Júris, Rio de Janeiro, 2008.Cap. VIII (Processo Civil e Igualdade Étnico- Racial) p.279-299.

sociologia atribui o nome de interação, é que o homem estabelece e concretizam toda a sua vivência, suas relações inter-humanas.

Rui Barbosa[21] descreveu como direitos fundamentais, como sendo também aqueles denominados individuais, e são ditos assim, porque pertencem ao indivíduo:

> São os direitos inerentes à individualidade humana, ou à individualidade social: direitos fundamentais, ou constitucionais; direitos da pessoa, ou do cidadão: direitos que não resultam da vontade particular, por atos, ou contratos, mas da nossa própria existência na espécie, na sociedade e no Estado.[22]

2.2 O Direito à Igualdade e as Garantias Fundamentais do indivíduo como fator de aceitação.

A constituição Federal reza em seu artigo 5º, caput que todos são iguais perante a lei. Lembrando-se de uma premissa maior que não se deve desigualar os desiguais e nem igualar os iguais em busca dessa isonomia. Para tanto não só perante a norma posta se nivelam os indivíduos, mas a própria edição dela sujeita-se ao dever de dispensar tratamento equânime as pessoas.[23]

Mas, temos para muitos doutrinadores que o principio da igualdade não é tão somente a tão sonhada sociedade igualitária de direitos e deveres, mas tão somente a fonte de que desigualando tais iguais encontraremos o equilíbrio primaz das relações sociais e poderemos enfim dirimir tais conflitos sejam eles individuais ou coletivos. É o que nos suscita em seus mais nobres e inesgotáveis ensinamentos, o professor Celso Antonio Bandeira de Mello [24], nas linhas a seguir:

---

[21] BARBOSA, Rui. Obras Completas. Vol. XXIV Tomo II, Rio de Janeiro: Fundação Casa de Rui Barbosa, 1942. p. 168.
[22] Disponível em http://www.planalto.gov.br/ccivil_03/LEIS/L6015.htm# (*)
[23] CITTADINO, Gisele, Pluralismo, **Direito e Justiça Distributiva – Elementos da Filosofia Constitucional Contemporânea**, 4ª edição, Ed. Lúmen Júris, Rio de Janeiro, 2009.Cap.II, p.75-98.

[24] MELLO, Celso Antonio Bandeira de Conteúdo Jurídico do principio da Igualdade, 3ª edição, 14ª tiragem, Malheiros Editores, São Paulo, 2006,p. 19 - 21

Não se podem interpretar como desigualdades legalmente certas situações, quando a lei não haja "assumido" o fator tido como desiquiparador. Isto é, circunstancia ocasionais que proponham fortuitas, acidentais, cerebrinas ou sutis distinções entre categorias de pessoas não são de considerar. Então, se a lei se propõe distinguir pessoas, situações, grupos, e se tais diferenciações se compatibilizam com os princípios expostos, não há como negar tais discriminações. Contudo, se a distinção não procede diretamente da lei que instituiu o beneficio ou exonerou de encargo, não tem sentido prestigiar interposição que favoreça a contradição de um dos mais solenes princípios constitucionais. Tão logo é importante ressaltar que a isonomia ou igualdade como queiram classificá-la, se consagra como o maior dos princípios garantidores dos direitos individuais.

2.3 Conflitos no Registro Público de Transexuais

É importante salientar que este nome não deve expor a pessoa ao qual ele identifica, a situações vexatórias, ou que lhe causem danos de ordem moral e psíquicos irreparáveis. Por isso, faremos uma análise criteriosa de alguns artigos da Lei de Registros Públicos, que se seguem:

"Art. 29. Serão registrados no registro civil de pessoas naturais:

I - os nascimentos

§ 1º Serão averbados:

f) as alterações ou abreviaturas de nomes."

O artigo 29 da Lei cita que no Registro Civil constará os nascimentos e em seu parágrafo acresce as averbações que ali poderão ser realizadas. Logo, em sua alínea f, aparece a questão das alterações ou abreviações de nomes, só que este processo não é tão simples como o artigo insinua. Veremos a seguir o porquê.

Art. 54. O assento do nascimento deverá conter: (Renumerado do art. 55, pela Lei nº 6.216, de 1975).

(2º) o sexo do registrando; (Redação dada pela Lei nº 6.216, de 1975).

(4º) o nome e o prenome, que forem postos à criança;..."

Nesse artigo, em seu enumerado 2º, remete-nos a questão do intersexual ou hermafrodita, pois a criança que apresenta na parte exterior os dois sexos, não tem a possibilidade de um registro favorável, devido ao fato de seus pais não saberem qual sexo vai aflorar fisicamente e psicologicamente na criança, e esperando que com o passar dos anos a criança se desenvolva, conforme o nome colocado por seus pais em seu nascimento, porém torcendo para que boa parte dos tribunais conceda a mudança do assento no Registro Público, se por ventura a escolha tenha dado errada.

> Art. 56. O interessado, no primeiro ano após ter atingido a maioridade civil, poderá, pessoalmente ou por procurador bastante, alterar o nome, desde que não prejudique os apelidos de família, averbando-se a alteração que será publicada pela imprensa. (Renumerado do art. 57, pela Lei nº 6.216, de 1975).

Talvez, este artigo, para o legislador respondesse aos anseios daqueles que tem seus nomes escolhidos em Almanaques, ou porque os pais queriam fazer à tão sonhada homenagem ao avô, mas principalmente para aqueles que não tiveram escolha. Ou porque tinham um problema externo verificável, ou porque não são quem gostariam de ser toda vez que se olham no espelho. Mas, infelizmente na práxis não funciona, pois o judiciário está abarrotado de processos ou pelo fato de estarem à mercê de juristas altamente conservadores, que de certo estão presos na década de 70, como também está, essa Lei de Registro Público.

> Art. 57. A alteração posterior de nome, somente por exceção e motivadamente, após audiência do Ministério Público, será permitida por sentença do juiz a que estiver sujeito o registro, arquivando-se o mandado e publicando-se a alteração pela imprensa, ressalvada a hipótese do art. 110 desta Lei. (Redação dada pela Lei nº 12.100, de 2009).

Nesse artigo, temos que analisar a reforma realizada, pela Lei nº 12.100, do ano de 2009. Mas,que cita com objetividade que as alterações só serão permitidas em caso de erro(não especificado de que tipo, no artigo 110).Sendo que o nome, com todos os seus elementos, merece o alento legal, indeclinável, por ser direito inerente à pessoa.

Quando se trata de Retificação do Assento, a Lei de Registro Público [25] em seu Capitulo XIV, cita:

> Art. 109. Quem pretender que se restaure, supra ou retifique assentamento no Registro Civil, requererá, em petição fundamentada e instruída com documentos ou com indicação de testemunhas, que o Juiz o ordene ouvido o órgão do Ministério Público e os interessados, no prazo de cinco dias, que correrá em cartório. (Renumerado do art. 110 pela Lei nº 6.216, de 1975).
> § 6º As retificações serão feitas à margem do registro, com as indicações necessárias, ou, quando for o caso, com a trasladação do mandado, que ficará arquivado. Se não houver espaço, far-se-á o transporte do assento, com as remissões à margem do registro original.
>
> Art. 110. Os erros que não exijam qualquer indagação para a constatação imediata de necessidade de sua correção poderão ser corrigidos de ofício pelo oficial de registro no próprio cartório onde se encontrar o assentamento, mediante petição assinada pelo interessado, representante legal ou procurador, independentemente de pagamento de selos e taxas, após manifestação conclusiva do Ministério Público. (Redação dada pela Lei nº 12.100, de 2009).

Temos os artigos 109 e 110, que demonstram como proceder em caso de retificação do assentamento no Registro, mas não especificam de que erros expressamente tratam.

3 POSICIONAMENTOS JURISPRUDENCIAS

Teremos neste último capítulo a expressão dual da Justiça de nosso país, onde então perceberemos o ferimento à dignidade da pessoa humana e que neste trabalho acadêmico buscou ressaltar o sofrimento, a flagelação de um ser que busca uma auto-afirmação do que realmente sente que é, mesmo que para a sociedade pareça o contrário.

---

[25] Disponível em http://www.planalto.gov.br/ccivil_03/LEIS/L6015.htm# (*)

Abordaremos a capacidade mutável de nossa Lei através dos processos que perpassam pela seara cível acerca do tema aqui abordado e que de certa forma transcendem entre os posicionamentos favoráveis e aos que se refutam num barrismo incomensurável e que não permitem nenhuma transformação, ou seja aqueles desfavoráveis até mesmo em fase recursal. Haja vista que nos últimos anos o nosso ordenamento jurídico busca uma maior flexibilização, porém esta em alguns Estados do nosso tão longínquo país tem-se demonstrado totalmente ausente.

Sobre novas correntes,falaremos a respeito do Jus naturalismo e o seu papel a respeito das mudanças que surgem neste novo milênio,não obstante à figura do ser humano transexual.

Faremos também menção ao Conservadorismo como entrave nas transformações sócio-jurídicas. Traçaremos enfim a utilização do Remédio Constitucional Habeas Data, como um instrumento modificador e por fim a transformação que vem sendo desencadeada pelo Pluralismo Constitucional em um prisma de teor valorativo.

3.1 Questionamentos Doutrinários

Temos nas linhas a seguir posicionamentos doutrinários que de certo norteiam pesquisas em um campo ainda não desbravado devidamente e que também não conta com a atenção devida por ser diferenciado em todas as esferas científicas,enfim em todos os aspectos.

A alteração do prenome, de outra forma, encontra respaldo na mesma norma legal, mais especificamente nos artigos 55 parágrafo único e 56, da Lei nº 6.015/73. A propósito, Walter Ceneviva [26], em sua obra, ressalta que uma vez que se constate ser o prenome capaz de expor o seu titular a situações de vexame, a alteração deve ser deferida, a seu requerimento, com a prova, por ele, da verificação de vexame". Vê-se, pois, que encontra abrigo legal a alteração do prenome pretendida.

[26] CANEVIVA, Walter. Lei dos Registros Públicos Comentada.15ª ed., 2002, ed. Saraiva, p.126.

Segundo Maria Helena Diniz [27], a transexualidade constitui a condição sexual da pessoa que rejeita a sua identidade genética e a sua própria anatomia, identificando-se psicologicamente com o gênero oposto. Completa essa autora que "trata-se de uma anomalia surgida no desenvolvimento da estrutura nervosa central, por ocasião de seu estado embrionário, que, contudo, não altera suas atividades intelectuais e profissionais, visto que em testes aplicados apurou-se que possui, em regra, um quociente intelectual (QI) entre 106 e 118, isto é, um pouco superior à média"

Leciona Flávio Tartuce,[28] Mestre em Direito Civil comparado pela PUC/SP que:

> O transexualismo constitui uma doença ou patologia, segundo apontam vários autores especializados no assunto e algumas entidades médicas internacionais e de outras nacionalidades. Não se confunde, portanto, com o homossexualismo (atração por pessoa do mesmo sexo) ou com o bissexualismo (atração por pessoa do mesmo sexo e do sexto oposto, concomitantemente). Trata-se de uma situação diferenciada, que merece tratamento diferenciado, consagração da especialidade, de acordo com a segunda parte do princípio constitucional da isonomia ("a lei deve tratar de maneira desigual os desiguais"), atendendo assim o princípio também da dignidade da pessoa humana consagrado na Constituição da República.

3.2 Posicionamentos Favoráveis

Em um acórdão do mesmo Tribunal de Justiça, Décima Sexta Câmara Cível, em que foi presidente e relator o Des. Ronald Valladares, aceitando o pedido da inicial e determinando que no Registro Civil constasse o sexo feminino, averbando-se à margem a anotação quanto à retificação ter se dado em virtude de decisão judicial, pela condição de transexual submetido a cirurgia de mudança de sexo. Recorreu ao referido Tribunal de Justiça o Apelante Carlos que em 1º grau pleiteava a alteração do prenome e do sexo no Registro Civil.

---

[27] DINIZ, Maria Helena. O Atual Estágio do Biodireito. São Paulo: Saraiva, 2ª Edição, 2002, p. 231.

[28] TARTUCE, Flávio. Os direitos da personalidade no novo Código Civil. Jus Navigandi, Teresina, ano 10, n. 878, 28 nov. 2005. Disponível em: <http://jus2.uol.com.br/doutrina/texto.asp?id=7590>. Acesso em: 08 dez. 2009.

Procedente em parte o pedido da inicial, deferido a alteração do nome para Carla deliberou o Juiz de 1º grau que constasse no Registro como transexual. No mérito o acórdão trouxe fundamento em outros julgados e na legislação alienígena, baseando-se principalmente, no parecer do Ministério Público, para então decidir pela alteração do sexo no Registro Civil.

Sendo a jurisprudência como fonte do direito cumpre ainda relatar mais um caso julgado no Estado de Santa Catarina onde o Juiz Maurício Cavallazzi Póvoas, da 3ª Vara da Família de Joinville (SC), acolheu pedido de retificação de registro civil feito por L.C, de 25 anos, em sua exordial o autor após ser submetido à cirurgia de mudança de sexo há dois anos, de forma gratuita por meio do Programa de Transtorno de Identidade de Gênero do Hospital das Clínicas de Porto Alegre, L.C. foi buscar na Justiça o direito de ter seus documentos pessoais retificados, com alteração de nome e sexo.

Embora doutrina e jurisprudência apontem, majoritariamente, para a impossibilidade da alteração ou, ainda, admitam uma alteração relativa, constando no próprio registro menção a situação anterior, o juiz firmou sua convicção no sentido de atender ao pleito formulado afirmando que: "O autor é mulher em sua plenitude física e mental e, no que depender de mim, também o será juridicamente.

Certamente é o fim de sua agonia. Que viva feliz e dignamente, sem ser alvo de gracinhas, humilhações, piadinhas e constrangimentos", e ressalta: "É digno um ser humano com corpo de mulher, jeito de mulher, voz de mulher, genitália de mulher, enfim, vida de mulher, estar fadado a carregar para o resto da vida nome e gênero masculino, por excesso de formalismo legal? Me parece evidente que não é digno. Ao contrário, a situação é vexatória e certamente causa àquele que se encontra nela uma sensação de humilhação e desgosto que não se deseja ao pior inimigo", registrou o juiz na sentença.

Conquanto o Juiz Maurício Cavallazzi Póvoas, da 3ª Vara da Família de Joinville (SC) diante do fato de L. C de 25 anos julgou procedente a retificação do registro civil de masculino para feminino: "DIANTE DO EXPOSTO JULGO

PROCEDENTE o pedido contido na presente ação de retificação de registro civil manejado por L. O. C., para, em conseqüência, com fulcro nos arts. 55, § único, 56 e 109, da Lei dos Registros Públicos, e artigos 1º, inciso III, 3º, inciso IV, e 5º, inciso X, todos da Constituição Federal, determinar a retificação do assento de nascimento de L. O. C. , passando a constar o nome de A. O. C., retificando-se, ainda, o gênero, que deverá passar a ser do sexo feminino, mantidas as demais anotações e não devendo constar, no referido registro, qualquer referência às alterações que ora se determina.

Expeça-se ofício para a Receita Federal, Delegacia da Polícia Federal, Secretaria de Segurança Pública/SC e Cartórios Eleitorais desta Comarca, para que sejam feitas as alterações necessárias.

Quanto ao fato da realização pelo SUS (Sistema Único de Saúde) de cirurgia de trangenitalização ou redesignação de sexo, temos o seguinte caso que conta da época em que a Min. Ellen Gracie, então presidente do Supremo Tribunal Federal, concedeu pedido de Suspensão de Tutela Antecipada, requerida pela União, contra ato judicial, referente á cirurgia de trangenitalização em transexuais, nos seguintes termos: [29]

> Não desconheço o sofrimento e a dura realidade dos pacientes portadores de transexualismo (patologia devidamente reconhecida pela Organização Mundial de Saúde: CID – 10 F64.0), que se submetem a programas de transtorno de identidade de gênero em hospitais públicos, a entrevistas individuais e com familiares, a reuniões de grupo e a acompanhamento por equipe multidisciplinar, nos termos da Resolução 1.652/2002 do Conselho Federal de Medicina, com o objetivo de realizar a cirurgia de transgenitalização, pessoas que merecem todo o respeito por parte da sociedade brasileira e do Poder Judiciário. Ressalte-se, entretanto, que, no caso em apreço, foi concedida tutela antecipada, determinando-se à União que promova, no prazo de 30 dias, 'todas as medidas apropriadas para possibilitar aos transexuais a realização, pelo Sistema Único de Saúde, de todos os procedimentos médicos necessários para garantir a cirurgia de transgenitalização do tipo neocolpovulvoplastia, neofaloplastia e/ou procedimentos complementares sobre gônadas e caracteres sexuais secundários, conforme os critérios estabelecidos na Resolução n. 1.652/2002 do Conselho Federal de Medicina' (fls. 147-148), bem como edite ato normativo que preveja a inclusão desses procedimentos cirúrgicos na tabela de procedimentos remunerados pelo Sistema Único de Saúde (Tabela SIH/SUS). É dizer, no presente caso, não se está analisando uma situação concreta, individual, um caso específico, determinou-se, sim, à requerente que tome providências normativas e administrativas imediatas em relação aos procedimentos médico-cirúrgicos, motivo

---

[29] STF, STA 185-2/DF, Rel. Min. Pres. Ellen Gracie, j. 10-12-2007.

pelo qual entendo que se encontra devidamente demonstrada a ocorrência de grave lesão à ordem pública, em sua acepção jurídico-constitucional, porquanto a execução do acórdão ora impugnado repercutirá na programação orçamentária federal, ao gerar impacto nas finanças públicas" (STF,STA 185-2/DF, Rel. Min. Pres. Ellen Gracie,j. 10-12-2007).

Segundo informação do site Última Instância do dia 09 de Setembro do ano de 2007 - O juiz Lucas de Mendonça Lagares, de Planaltina (GO), autorizou um rapaz que havia se submetido a cirurgia de mudança de sexo a ter seu nome e sexo alterados no registro civil.O magistrado determinou a expedição de mandado ao cartório de registro civil da cidade para que proceda à retificação.

Na ação de retificação de registro civil, o rapaz relatou que fez a cirurgia, denominada transgenitalização, em maio de 2006, tendo recebido atestado médico de que possui corpo e genitália femininos. Ele contou que, desde sua infância, e sobretudo na adolescência, sofre moralmente em função de sua situação psicológica, uma vez que "nasceu num biotipo masculino com psiquê feminina". Disse ainda que começou a perceber tais diferenças desde os quatro anos de idade, comparando-se com seus irmãos, uma vez que preferia brinquedos e amizades próprias de uma menina. Aos 13 anos iniciou relacionamento com um homem de 33 anos, com quem vive desde então. Sua situação foi diagnosticada por psiquiatra aos 15 anos.

Lembrando que não existem normas que tratem especificamente o tema, o juiz baseou sua fundamentação nos dispositivos constitucionais que referem-se à dignidade da pessoa humana, livrando-a de todo e qualquer preconceito ou discriminação. O magistrado ponderou que toda pessoa tem direito ao nome, "sendo este uma manifestação da personalidade do indivíduo, juntamente com sua capacidade, seus status individual, familiar e social, sua fama e seu domicílio".Para o juiz, o rapaz não se sente nem se vê com o nome masculino que possuía. Afirmou também que o ato cirúrgico, precedido de recomendação médica, foi realizado no Hospital das Clínicas da Universidade Federal de Goiás, e o artigo 13 do Código Civil tem previsão legal para a mudança do registro e, também, o registro público deve se adequar à aparência do registrando, "como único meio de se evitar que ele seja constantemente vitimado por situações de constrangimento e vexame".Outra informação colhida a respeito foi de uma outra decisão judicial autorizando um transexual a mudar o seu nome,para que fique de acordo com sua atual condição e que não venha mais a sofrer retaliações por parte da sociedade em que vive. Desta vez,este fato fora noticia da Revista Justilex, que cita o seguinte: [30]

> Sentença garante troca da identificação de sexo masculino pela de "feminino cirúrgico" e prenome de mulher. Autora se submeteu a cirurgia para mudar sexo HC é um dos pioneiros na cirurgia pelo SUS.No Hospital das Clínicas (HC), onde está instalado o ambulatório do Projeto de Transexualidade da Universidade Federal de Goiás (UFG), é grande a procura de informações sobre os procedimentos cirúrgicos para mudança de sexo. Entretanto, por exigência do Conselho Federal de Medicina, os interessados que se inscrevem no programa devem ter acompanhamento psicológico por, no mínimo, dois anos para evitar que os que não forem de fato transexuais façam a cirurgia, que é irreversível.À frente do trabalho está a médica e psicóloga Mariluza Terra Silveira, que conta com o apoio de uma equipe multiprofissional. Diretor do HC, o médico José Garcia é um entusiasta do projeto, por entender que ele proporciona melhor qualidade de vida ao paciente. "A questão da saúde é muito Ampla. Somente o paciente sabe como e quando ele se sente bem", afirma.José Garcia comemorou a decisão proferida pelo juiz Eduardo Siade. Segundo ele, ao criar a figura jurídica "feminino cirúrgico", o magistrado faz com que o programa deixe de ser oficioso para ser oficial. O HC é um dos hospitais pioneiros do País na realização de cirurgia de mudança de sexo pelo SUS. A cirurgia de mudança de sexo em hospitais universitários e públicos foi autorizada pelo Conselho Federal de Medicina, em caráter experimental, em 1997. O primeiro procedimento no HC de Goiânia foi feito em maio de 2000.A psicóloga Beth Fernandes, presidente da Associação dos Travestis, Transexuais e Transgêneros de Goiás (Astral), reagiu à decisão do juiz Eduardo Siade. "Isso é um absurdo. Não existe isso", afirmou sobre o termo "feminino cirúrgico". Segundo Beth, a primeira transexual a assumir uma vaga no Conselho Estadual da Mulher (CONEM), ao optar por essa expressão, o juiz mantém a discriminação. "A partir do momento da cirurgia, a pessoa torna-se naturalmente mulher." Mestre em Saúde Mental pela Universidade de Campinas (Unicamp), Beth submeteu-se à cirurgia há dois anos em Jundiaí (SP). "Qual é o temor desse juiz?", questiona. A primeira sentença permitindo a mudança de nome e de sexo em documentos em Goiás foi proferida pelo então juiz João Ubaldo Ferreira, de Goiânia, em dezembro de 1997. Em decisão inovadora, o juiz autorizou uma estudante de 25 anos a cancelar todos os seus documentos originais e alterar o seu registro, no qual constava antes masculino na classificação sexual. Em agosto de 2001, o transexual C. conseguiu judicialmente o direito de mudar, em seu registro civil, o prenome e o sexo, de masculino para feminino. Paulista, C. nasceu com a anomalia de diferenciação sexual e havia passado por exames e testes psicológicos nos Estados Unidos para depois se submeter à cirurgia de transgenitalização. Porém, explicou que somente com a mudança no seu registro civil poderia assumir em definitivo a personalidade feminina, com a adoção de um nome de mulher.

---

[30] Revista Justilex do dia 24 de Julho de 2006

> Em setembro do mesmo ano, outra pessoa, identificada com o nome fictício de João, ganhou também na Justiça o direito de alterar o sexo e o nome. João já havia passado por cirurgia em Londres, na Inglaterra, para remover o pênis e testículos, e receber no lugar uma neovagina. Ele decidiu depois voltar ao Brasil e obteve autorização judicial para mudar definitivamente os dados pessoais nos documentos.

Em março de 2002, outro caso. O transexual W., de 31 anos, conseguiu do juiz a licença para mudar seu nome e alterar a indicação do sexo masculino para feminino. Antes de tomar a decisão, o juiz teve acesso à perícia feita por uma ginecologista e obstetra da Junta Médica do Tribunal de Justiça, que constatou a apresentação do aspecto feminino. "Uso o nome de mulher há vários anos e é muito constrangedor ter o nome de homem e o sexo masculino indicados nos meus documentos",contou à época. Em janeiro de 2004,J., moradora de Bela Vista de Goiás, conseguiu autorização judicial para alterar seu nome de batismo após o procedimento cirúrgico.

A sentença foi dada pela juíza substituta Elaine Christina Alencastro Veiga Araújo, daquela comarca, que acatou parecer do Ministério Público. Em abril de 2004, o transexual E. ganhou na Justiça o direito de mudar no seu registro civil o prenome e o sexo, passando de masculino para feminino.

A decisão, da 1ª Câmara Cível do Tribunal de Justiça de Goiás, foi unânime e ainda excluiu qualquer discriminação para fins cíveis, trabalhistas e previdenciários.Marília Costa e Silva, depois de se submeter a uma cirurgia para amputação do pênis, um transexual ganhou na Justiça goiana o direito de alterar o seu prenome no registro de nascimento.

A decisão, que permitirá ainda a substituição da identificação de sexo masculino para o "feminino cirúrgico", é do juiz da 1ª Vara da Fazenda Pública Municipal de Goiânia, Eduardo Siade, que entendeu que a mudança no registro não só resguarda o direito do interessado, mas também de toda sociedade.

No processo, o homem que ganhou o direito de ser chamado por um nome feminino depois de passar pela cirurgia de mudança de sexo conta que seus dilemas sexuais começaram quando ainda era criança. Mas os problemas só se intensificaram quando tinha 15 anos. Na ocasião, percebeu que sua voz não engrossou como ocorreu com os demais meninos da sua idade nem tampouco nasceram pêlos pelo corpo.

Outro agravante é que seus seios cresceram como em uma menina normal.Apesar de tudo isso e de se sentir uma mulher, ela era vista como um homem pelos familiares, relata. Somente depois de passar a viver sozinha é que uma pessoa com quem ela começou a trabalhar a incentivou a mudar seu comportamento, pois nunca se sentira como homem. A partir daí, conta ela no processo, começou a se vestir como mulher, adotando um nome feminino.

Além das mudanças na forma de vestir, ela buscou a ajuda de médicos do Hospital das Clínicas da Universidade Federal de Goiás na tentativa de conseguir a alteração cirúrgica do sexo. Depois de muitos exames, foi diagnosticado que ela apresentava uma anomalia genética, com alteração cromossômica, conhecida como síndrome de Klinefelter, caracterizada pelo desenvolvimento da genitália masculina, mas com gônadas que não produzem os hormônios masculinos necessários para a diferenciação dos sexos. Os sinais exteriores da anomalia manifestam-se principalmente na puberdade.

O diagnóstico precoce pode permitir o tratamento hormonal e psicológico, a fim de harmonizar a aparência masculina com a atitude apropriada ao sexo masculino. A pessoa pode levar uma vida normal, apesar de ser estéril.Segundo o magistrado, como não recebeu atendimento apropriado, o transexual passou a se sentir mulher, mesmo tendo um corpo masculino. Para sua satisfação pessoal, ela optou pela cirurgia de mudança de sexo, que consistiu na amputação do pênis e na confecção de uma neovagina.

Depois da operação, ela buscou autorização judicial para mudar seu nome no registro civil.Após analisar detidamente os exames feitos pela autora e de consultar o Ministério Público, que foi favorável ao pedido, o magistrado acolheu o pedido e determinou a alteração do prenome e do registro de sexo de masculino para feminino cirúrgico.

De acordo com o magistrado, a palavra cirúrgico vai constar do registro de nascimento não só para que as pessoas não sejam levadas a erro, mas também em respeito a todas as mulheres, "assegurando a real situação relacionada à essência da requerente".

Como pode ser observado a maioria de julgados a respeito de transexuais, cirurgias de Transgenitalização e troca de prenome datam do período de 1997 – 2007, porém houve um recente julgado datado de 15 de Outubro de 2009 e desta vez o STJ (Supremo Tribunal de Justiça) que protagoniza mais um ato favorável a estes seres humanos tão ultrajados. Segue o parecer extraído da Revista Eletrônica Agência Brasil, reportagem de Marco Antonio Soalheiro:

Brasília - A Terceira Turma do Superior Tribunal de Justiça (STJ) decidiu hoje (15) por unanimidade que o transexual tem o direito, se assim pretender, de alterar sua certidão de nascimento, com relação a nome e gênero, após ter realizado, no Brasil, a cirurgia de transgenitalização.

O STJ acatou o recurso de um transexual chamado Clauderson - que pretendia adotar o nome de Patrícia - contra decisão do Tribunal de Justiça de São Paulo pela qual no registro civil "prevaleceria a regra geral da imutabilidade dos dados, nome, prenome, sexo, filiação etc". O TJ-SP sustentava que a afirmação dos sexos (feminino ou masculino) não obedece a aparência, mas a realidade espelhada no nascimento, que não poderia ser alterada artificialmente.

A defesa do transexual, por sua vez, alegava que a aparência de mulher, por contrastar com o nome e o registro de homem, causava-lhe diversos constrangimentos sociais, além de abalos emocionais e existenciais.

No julgamento, prevaleceu o voto da relatora do recurso, ministra Nancy Andrighi, para quem não faz sentido o Brasil permitir cirurgia no Sistema Único de Saúde (SUS) e não liberar a modificação no registro civil. Para a ministra, "há um conjunto de fatores sociais e psicológicos que devem ser considerados" para que o indivíduo que passou pela cirurgia tenha uma vida digna. A ministra lembrou ainda que a troca do registro já é prática permitida em diversos países, ou seja, o Superior Tribunal de Justiça (STJ) determinou a alteração do prénome e da designação de sexo de um transexual de São Paulo que realizou cirurgia de mudança de sexo.

Ele não havia conseguido a mudança no registro junto à Justiça paulista e recorreu ao Tribunal Superior. A decisão da Terceira Turma do STJ é inédita porque garante que nova certidão civil seja feita sem que nela conste anotação sobre a decisão judicial. O registro de que a designação do sexo foi alterada judicialmente poderá figurar apenas nos livros cartorários.

A relatora do Recurso Ministra Nancy Andrighi, afirmou que a observação sobre alteração na certidão significaria a continuidade da exposição da pessoa a situações constrangedoras e discriminatórias. Anteriormente, em 2007, a Terceira Turma analisou caso semelhante e concordou com a mudança desde que o registro de alteração de sexo constasse da certidão civil.

A cirurgia de transgenitalização foi incluída recentemente na lista de procedimentos custeados pelo Sistema Único de Saúde (SUS) e o Conselho Federal de Medicina reconhece o transexualismo como um transtorno de identidade sexual e a cirurgia como uma solução terapêutica. De acordo com a ministra relatora, se o Estado consente com a cirurgia, deve prover os meios necessários para que a pessoa tenha uma vida digna. Por isso, é preciso adequar o sexo jurídico ao aparente, isto é, à identidade, disse a ministra.

A ministra Nancy Andrighi destacou que, atualmente, a ciência não considera apenas o fator biológico como determinante do sexo. Existem outros elementos identificadores do sexo, como fatores psicológicos, culturais e familiares. Por isso, a definição do gênero não pode ser limitada ao sexo aparente, ponderou. Conforme a relatora, a tendência mundial é adequar juridicamente a realidade dessas pessoas. Ela citou casos dos tribunais alemães, portugueses e franceses, todos no sentido de permitir a alteração do registro. A decisão foi unânime.

O transexual afirmou no STJ que cresceu e se desenvolveu como mulher, com hábitos, reações e aspectos físicos tipicamente femininos. Submeteu-se a tratamento multidisciplinar que diagnosticou o transexualismo. Passou pela cirurgia de mudança de sexo no Brasil. Alega que seus documentos lhe provocam grandes transtornos, já que não condizem com sua atual aparência, que é completamente feminina.

A defesa do transexual identificou julgamentos no Tribunal de Justiça do Amapá, do Rio Grande do Sul e de Pernambuco, nos quais questões idênticas foram resolvidas de forma diferente do tratamento dado a ele pelo Tribunal de Justiça de São Paulo. Nesses estados, foi considerada possível a alteração e retificação do assento de nascimento do transexual submetido à cirurgia de mudança de sexo.

Em primeira instância, o transexual havia obtido autorização para a mudança de nome e designação de sexo, mas o Ministério Público estadual apelou ao TJSP, que reformou o entendimento, negando a alteração. O argumento foi de que a afirmação dos sexos (masculino e feminino) não diz com a aparência, mas com a realidade espelhada no nascimento, que não pode ser alterada artificialmente.

3.3 Posicionamentos Contrários em Fase Recursal

O caso de transexualismo mais divulgado e comentado pela imprensa, sem dúvida nenhuma foi o do transexual Luiz Roberto Gambine Moreira, conhecido pelo nome artístico de Roberta Close. Em 10 de maio de 1994, tendo como presidente o Des. Carpena Amorim e relator o Des. Luiz Carlos Guimarães, da Oitava Câmara Cível do Tribunal de Justiça do Estado do Rio de Janeiro, reformou a sentença de 1º grau, julgando improcedente o pedido da inicial.

Luiz Roberto havia se submetido a uma cirurgia de transgenitalismo, de homem para mulher, em 1990, em Londres, após anos de sofrimento gerado pelo seu estado homem/mulher. O autor quando criança apanhava muito de seu pai, que não entendia a condição do filho, além da família havia discriminação e surras na escola e dos primos. Porém, como transexual, o autor não sentia-se homem e ficava constrangido em usar roupas e agir como homem.

A solução era a cirurgia de mudança de sexo, não permitida no Brasil, na época, o que levou o autor a procurar o recurso no exterior. Após a mudança de sexo, o autor ingressou com ação pleiteando a redesignação do assento de nascimento de Luiz Roberto Gambine Moreira para Roberta Gambine Moreira. Julgado procedente o pedido em 1º grau, reformado em 2º grau, o autor requereu recurso extraordinário ao STF.Sendo negado seguimento ao referido recurso por falta de pré-questionamento.

3.4 Um novo olhar Jusnaturalista

Supõe-se, habitualmente, que o agravo à isonomia radica-se na escolha, pela lei, de certos fatores diferenciais existentes nas pessoas, mas que não poderiam ter sido eleitos como matriz do discrímen. Isto é, acredita-se que determinados elementos ou traços característicos das pessoas ou situações são insuscetíveis de serem colhidos pela norma como raiz de alguma diferenciação, pena de se porem às testilhas com a regra da igualdade.

Assim, imagina-se que as pessoas não podem ser legalmente desequiparadas em razão da raça, ou do sexo, ou da convicção religiosa (art. 5º caput da Carta Constitucional) ou em razão da cor dos olhos, da compleição corporal, etc.Descabe, totalmente, buscar aí a barreira insuperável ditada pelo princípio da igualdade. É fácil demonstrá-lo.

Basta configurar algumas hipóteses em que, entretanto, em nada se chocam com a isonomia. "Ou seja, em sua própria obra menciona a discordância com posicionamentos da Lei acerca de tratamentos desigualitários. Temos então que a igualdade na lei, isto significará que as leis não podem - sob pena de anulação por inconstitucionalidade - fundar uma diferença de tratamento sobre certas distinções muito determinadas.[31]

Explica-nos o Professor Uadi Lammêgo Bulos[32] que temos no Principio da Dignidade da Pessoa Humana um vetor que agrega em torno de si a unanimidade dos direitos e garantias fundamentais do homem, expressos na Constituição de 1988. Quando o Texto Maior proclama a dignidade da pessoa humana, está consagrando um imperativo de justiça social, um valor constitucional supremo. Por isso, o primado consubstancia o espaço de integridade moral do ser humano, independente de seu credo, raça, sexo, cor, origem ou status social.

Seu acatamento representa a vitória contra a intolerância, o preconceito, a exclusão social, a ignorância e a opressão. Ainda assim, fazendo um comparativo com o que disse Celso Antonio Bandeira de Mello temos na verdade uma desequiparação permitida, o que chamamos atualmente de ações afirmativas que buscam conferir tratamento diferenciado a certos grupos, em virtude de marginalizações sofridas, ou seja, é uma forma de compensar as restrições sofridas.

No caso do transexual, primeiramente temos a sua comparação com homossexuais, dentre outros, o que não confere com sua identidade. Segundo a permissão de troca de sexo, realizada pelo SUS, porém não de seu nome em assento de seu Registro Público, isto é, lhe expondo a situações vexatórias. Terceiro, por uma sociedade que não demonstra importar-se com tal situação, ou por ser altruísta o suficiente ou por ignorância, o que é mais aparente. Caberá, portanto ao magistrado precisar estas palavras, valendo-se portanto, do bom senso e que faça uma análise criteriosa dos fatos apresentados e também das máximas da experiência (CPC, art.126) e até do art. 5º da Lei de

---

[31] MELLO, Celso Antonio Bandeira de, Conteúdo Jurídico do Principio da Igualdade, 3ª edição, 14ª tiragem, Malheiros Editores, São Paulo, 2006. p. 15 - 19

[32] BULOS, Uadi Lammêgo, *Direito Constitucional ao alcance de todos*, Editora Saraiva, São Paulo, 2009. p. 241.

Introdução ao Código Civil. Ou seja, é o Juiz quem determina o grau de paridade em cada caso.[21]

3.5 O Conservadorismo como entrave para as transformações sociais

O Conservadorismo ou conservantismo é um termo usado para descrever posições político-filosóficas, alinhadas com o tradicionalismo e a transformação gradual, que em geral se contrapõem a mudanças abruptas de determinado marco econômico e político-institucional ou no sistema de crenças, usos e costumes de uma sociedade.

A base do conservadorismo é o pessimismo antropológico, a ideia de que o homem é naturalmente egoísta. Ao contrário dos progressistas, que consideram que o homem é naturalmente bom, racional e feliz e que é a sociedade que o torna mau e infeliz e, portanto, para melhorar o homem, basta melhorar a sociedade.

É a sociedade e os seus hábitos e tradições que moderam e limitam a sua perversidade natural. Assim, para os conservadores, o indivíduo só existe plenamente integrado numa sociedade e numa tradição – o indivíduo abstracto não existe, nós só somos o que somos em função da herança (material e cultural) que recebemos dos nossos antepassados.

Isso se explicita no seguinte pensamento de Louis de Bonald - "Não são os indivíduos que formam a sociedade, mas a sociedade que forma os indivíduos".Esta submissão do indivíduo à sociedade, à primeira vista, poderia aproximar os conservadores dos socialistas e comunistas, mas, para os socialistas, a "sociedade" é entendida como um processo, um devir constante, enquanto que para os conservadores, a "sociedade" deve basear-se na permanência de valores e na instituições.Para os conservadores, se os homens existem dentro de uma sociedade que "funciona", não faz sentido elaborar projetos de sociedade ideal.

Assim, ao contrário das várias correntes liberais e socialistas, que têm todas elas uma concepção de sociedade, os conservadores defendem que cada povo deve viver segundo o modelo existente.Os conservadores consideram que o individualismo e o sonho da sociedade ideal pode levar ao anarquismo ou ao estatismo e ao Totalitarismo.

Para eles, o desaparecimento da sociedade existente pode gerar um vazio que a de ser preenchido pela máquina estatal.Há conservadores que se aproximam do tradicionalismo, por exemplo quando se opõem à representação política individualista, baseada no princípio "um homem, um voto", baseando-se no reconhecimento exclusivo do Estado e do Indivíduo, e ignorando os corpos intermédios.

Em alternativa ao sufrágio igualitário, direto e universal, os tradicionalistas têm lutado por sistemas de representação de grupos (e não dos indivíduos), defendo representações não ideológicas, como a representação municipal ou sindical, o mesmo número de deputados por região (independentemente da população), etc.Hoje em dia o conservadorismo tende a caracterizar-se como a defesa da lei e da ordem e dos valores tradicionais, religiosos e familiares; uma postura um tanto militarista no tocante a posturas juridico-políticas .

Mas, temos no Conservadorismo Moderno a esperança de uma visão menos tecnicista e mais humana,menos individualizada e mais coletivista. Justamente, como um modo de suprir as injustiças sociais e traçar novos rumos em relação ao pensamento conservador tradicional,principalmente no que impera sobre os egrégios tribunais da maior capital da América Latina – São Paulo.

3.6 Habeas Data, um instrumento modificador

Habeas Data é o instrumento constitucional colocado ao dispor das pessoas físicas ou jurídicas, brasileiras e estrangeiras, para que solicitem ao Poder Judiciário a exibição ou a retificação de dados constantes em registros públicos ou privados. Só que no art. 5º,LXXII, da Constituição,cita: " conceder-se-á habeas data, para os casos de retificação de dados,quando não se prefira fazê-lo por processo sigiloso, judicial ou administrativo (alínea b)."

Só que no Brasil não há outra alternativa, já que não é tão usual o Habeas Data, este que é legitimador como todo Remédio Constitucional. Porém nem todo cidadão sabe que o mesmo é isento de custas judiciais porque a cidadania é fundamento do Estado Democrático de Direito, disposto no art. 1°, II, CF. O que gera alguma dúvida é se o remédio estudado é hábil para excluir dados indevidos existentes nos cadastros do impetrado, já que a lei fala em retificar dados. Note que essa dúvida não deve durar, já que na ação de retificar dados inclui também a de excluir, suprimir e cancelar dados.

JOSÉ CARLOS BARBOSA MOREIRA, em seu artigo "O Habeas Data Brasileiro e sua Lei Regulamentadora", acaba por extirpar de vez essa dúvida, ao dispor: "Observe-se que a Lei n° 9.507 ampliou em certa medida o âmbito do remédio previsto no art. 5°, n° LXXII, da Constituição da República. Só se refere esse dispositivo ao "conhecimento de informações"(letra a)e à "retificação de dados" (letra b).O legislador ordinário aditou uma terceira possibilidade: a da anotação, nos assentamentos da entidade ou órgão, da "contestação ou explicação" do interessado.

Por via indireta, alargou a franquia constitucionalmente deferida: não se reconhece apenas um direito ao conhecimento de dados ou à retificação dos inexatos, mas também à anotação de contestações ou explicações.Sublinhe-se que anotar contestação ou explicação não é o mesmo que retificar dado constante do banco ou registro:na retificação modifica-se (ou, eventualmente, CANCELA-SE)algo; na anotação acrescenta-se algo ao que consta do banco ou registro."

No mesmo sentido, Celso Ribeiro Basto sustenta, à vista do texto constitucional, que a locução "retificação de dados" devia "ser entendida amplamente para incluir a própria supressão quando se tratar de informações pertinentes à vida íntima da pessoa".

Porém, a Lei 9.507/97 não é tão clara a respeito da situação de uma autoridade coatora não permitir a retificação do nome em Assento de Registro Público tendo como parte um Transexual. A maioria dos Julgados são das searas de Defesa do Consumidor, questões que envolvam anotação em Órgãos de Proteção ao Crédito (por exemplo,SPC/SERASA/CCF) e autoridades previstas nos arts. 102,I,d e 105,I,b da CF/88 como por exemplo,Presidente da República, Ministros de Estado, etc.

Temos apesar de tudo que fora exposto, no habeas data uma solução prática para dirimir conflitos e dar uma maior acessibilidade a este público que espera nas decisões judiciais uma maior sensibilização para seu conflito físico e psicológico e que de tanto esperarem tomam atitudes desastrosas até mesmo contra a própria vida.

CONCLUSÃO

Contamos atualmente com pouquíssimos Julgados a respeito da situação do transexual no Brasil, sendo que destes considerados poucos, em sua grande maioria não são nada favoráveis. Muitos destes que foram explanados no decorrer deste trabalho, permitem a realização da cirurgia de transgenitalização, mas nem há o que se falar na troca do nome deste indivíduo que busca uma mudança um tanto radical em sua vida, devido o conservadorismo prevalecer acima de todas as coisas.

O que de fato acirra um contingente de transtornos psicológicos é a busca de uma auto afirmação por parte de um ser humano que sofre de um "distúrbio" assim catalogado pela CID-10, mas que na verdade em muitos processos judiciais é confundido com homossexuais, bissexuais e pansexuais e que não tem pela lei de nosso país o reconhecimento de sua dignidade como pessoa humana que é.

O fator motriz deste trabalho foi trazer a tona tais questionamentos e os reais motivos que levam doutrinadores, legisladores e tantos outros influentes em nossa esfera jurídica a travarem discordâncias de todos os pontos relevantes ao assunto, porém sem se quer de fato dar uma solução prática a tal tormento. Ocorrendo dessa forma a marginalização dessas pessoas que precisam na verdade de amparo e cuidados por parte de toda a Sociedade.

Vale ressaltar que além da cirurgia de trangenitalização é necessário o consentimento por lei da troca do nome para o transexual que logicamente se sentirá como de fato alguém do sexo psíquico apresentado em toda sua plenitude. Se assim o é na prática, deverá também o ser na teoria, pois a aplicação do Direito, enquanto Ciência e de se adaptar ao meio social, numa total concepção da sociabilidade.

Contudo, este trabalho visa a inserção social do transexual,pois este sofre rejeição de familiares,conhecidos e principalmente de toda a sociedade. E este tem como fulcro sua opção sexual,e deixa claro que não se trata de orientação sexual (homossexual,bissexual ou pansexual),por isso esse fato constitui seu direito à personalidade(inato,absoluto, irrenunciável, intransmissível, inafastável e indeclinável) ,este que não pode ser ultrajado em nenhuma hipótese, justamente para não ferir outro principio basilar de nosso Estado Democrático de Direito – a Dignidade da Pessoa Humana.

REFERÊNCIAS BIBLIOGRÁFICAS

ANGERAMI-CAMON, V.A. E a Psicologia Entrou no Hospital. São Paulo: Pioneira, 1996.

BARBOSA, Rui. Obras Completas. Vol. XXIV Tomo II, Rio de Janeiro: Fundação Casa de Rui Barbosa, 1942. p. 168.

BARRETO, R. J. O Papel do Psicólogo da Saúde e Hospitalar Junto à Clínica Médica do Hospital das Clínicas da Universidade Federal de Goiás. Relatório de Conclusão do I Curso de Extensão Universitária: Treinamento de Habilidades da Psicologia da Saúde no Contexto Hospitalar. UFG: Goiânia, 2006.

BULOS, Uadi Lammêgo, Direito Constitucional ao alcance de todos, Ed. Saraiva,São Paulo,2009. p. 317-322.

BULOS, Uadi Lammêgo, Direito Constitucional ao alcance de todos, Editora Saraiva, São Paulo,2009. p. 241.

BURNS,George,W & BOTTINO, Paul, J: GENÉTICA, 6ª edição,Guanabara - Koogan, Rio de janeiro, 1989. (páginas 235-242 & 243-251).

CARMO, Suzana J. de Oliveira, Nome civil: um direito fundamental, inDireitonet.Disponível em: http://www.direitonet.com.br/artigos/exibir/2232/Nome-civil-um-direito-fundamental. Acesso 07 Dez 2009

CANEVIVA, Walter. Lei dos Registros Públicos Comentada.15ª ed., 2002, ed. Saraiva, p.126

CARDOSO, Fernando Luiz, "O que é orientação sexual", Editora Brasiliense, São Paulo. e SCHIAVO, Marcio Ruiz, "Manual de Orientação Sexual", Editora O Nome da Rosa, São Paulo.

CITTADINO, Gisele, Pluralismo, **Direito e Justiça Distributiva – Elementos da Filosofia Constitucional Contemporânea**, 4ª edição, Ed. Lúmen Júris, Rio de Janeiro, 2009.Cap.II, p.75-98.

Disponível na internet http://pt.wikipedia.org/wiki/Conservadorismo

Disponível na internet http://www.webartigos.com/articles/6146/1/Habeas-Data/pagina1.html

Disponível na Internet http://alicelinck-advogada.spaceblog.com.br/232284/ TRANSEXUALIDADE-4-ACORDAO/

Disponível na internet http://estudosdasexualidade.blogspot.com/2008/01/sexualidade-no-cid-10.html

Disponível na internet http://pt.wikipedia.org/wiki/Transexualidade

Disponível na internet http://www.scielo.br/scielo.php?script=sci_arttext&pid=S0102-01882001000200005&lng=en&nrm=iso&tlng=pt/

Disponível na internet http://jus2.uol.com.br/doutrina/imprimir.asp?id=7584

DINIZ, Maria Helena. O Atual Estágio do Biodireito. São Paulo: Saraiva, 2ª Edição, 2002, p. 231.

Disponível em http://www.planalto.gov.br/ccivil_03/LEIS/L6015.htm# (*)

Disponível na internet http://bvsms.saude.gov.br/bvs/saudelegis/sas/2008/prt0457_19_ _2008. html . Acesso em 03 Dez 2009

Disponível na internet em http://www.msd-brazil.com/msdbrazil/patients/manual _Merck/mm_sec7_87. html. Acesso em 03 Dez 2009

Disponível na internet em http://www.fervo.com.br/trans/transexuais.html

Disponível na internet em http://www.midiaindependente.org/pt/blue/2003/08/ 261485. html. Acesso em 03 dez 2009

Disponível na internet em:http://www.msd-brazil.com/msdbrazil/patients/manual _Merck/mm_sec7_87. html. Acesso em 03 dez 2009.

Disponível na internet em http://www.psicnet.psc.br/v2/site/dicionario/registro_ default.asp?ID=13. Acesso em 03 dez 2009.

Disponível em http://www.transexual.com.br em matéria publicada em 26 de Setembro de 2006. Acesso em 03 dez 2009

Diversos Autores – Mercado Editorial (Projeto e Realização), Editora Escala São Paulo, atualizado em 2008, p.26-27.

FONSECA, Albino, **Biologia**, São Paulo, Ed. Ática, São Paulo, 1973, p.334-340

HERKOWITZ, Irwin H., **Princípios Básicos de Genética Molecular**, São Paulo, Cia.Ed. Nacional, 1972

MELLO, Celso Antonio Bandeira de, Conteúdo Jurídico do Principio da Igualdade,3ª edição, 14ª tiragem, Malheiros Editores, São Paulo, 2006. p. 15 – 19

MELLO, Celso Antonio Bandeira de Conteúdo Jurídico do principio da Igualdade, 3ª edição, 14ª tiragem, Malheiros Editores, São Paulo, 2006,p. 19 – 21.

MORAIS, Walter - Direito à própria imagem. São Paulo: Revista dos Tribunais, ano 61, n. 443, setembro de 1972, p. 64)

PIOVESAN, Flavia e SOUZA, Douglas Martins (Coordenadores) **Ordem Jurídica e Igualdade Étnico - Racial Instituto Pro Bono**, PUC-SP, Secretaria Especial de Políticas de Promoção da Igualdade Racial. Ed. Lumen Júris, Rio de Janeiro, 2008.Cap. VIII (Processo Civil e Igualdade Étnico- Racial) p.279-299.

QUAGLIA, D. O paciente e a Intersexualidade. São Paulo: Sarvier, 1980.

Revista Justilex do dia 24 de Julho de 2006

SILVA, Fernanda Duarte Lopes Lucas da, **Principio Constitucional da Igualdade**, 2ª edição, Ed. Lúmen Júris, Rio de Janeiro, 2003.Cap.III,p.77-116.

STF, STA 185-2/DF, Rel. Min. Pres. Ellen Gracie, j. 10-12-2007

TARTUCE, Flávio. Os direitos da personalidade no novo Código Civil. Jus Navigandi, Teresina, ano 10, n. 878, 28 nov. 2005. Disponível em: <http://jus2.uol.com.br/doutrina/texto.asp?id=7590>. Acesso em: 08 dez. 2009.

TAYLOR, Charles - Sources of the Self: the making of the modern identity. Cambridge: Harvard University Press, 1989

Vários Autores ,Organizado por Fredie Didier Jr. Ações Constitucionais,4ª edição, Ed. JusPodium,Revista Ampliada e Atualizada,Salvador,2009. Cap.II,p. 69-107.

VIEIRA, Tereza Rodrigues, Aspectos psicológicos, médicos e jurídicos do Transexualismo-Artigo Psicólogo informação, ano 4, nº 4, Jan/Dez.2000 – Instituto Metodista de Ensino Superior.

www.ingramcontent.com/pod-product-compliance
Lightning Source LLC
Chambersburg PA
CBHW080822170526
45158CB00009B/2496